Birgit Schönau

Der älteste Nabel der Welt

Entdeckungen in Neapel und Kampanien

Birgit Schönau

Der älteste Nabel der Welt
Entdeckungen in Neapel und Kampanien

Picus Lesereisen

Picus Verlag Wien

2. Auflage 2004

Grafische Gestaltung: Dorothea Löcker, Wien
Umschlagabbildung: Amalfi-Küste © Pictor
Druck und Verarbeitung: Remaprint, Wien
ISBN 3-85452-735-7

Informationen über das aktuelle Programm
des Picus Verlags und Veranstaltungen unter
www.picus.at

Inhalt

Kapitale der Übertreibungen

Ein Vorwort zur unfaßbarsten Stadt Italiens

An den Campi Flegrei stieg ich aus, denn das ist der erste Bahnhof in Neapel, wenn man mit dem Zug aus Rom kommt. Ich wußte nicht, wie viele noch folgten, und ging auf Nummer sicher: Neapel wollte ich auf gar keinen Fall verpassen. Es kam mir dann doch komisch vor, daß man vom Bahnhofsvorplatz so gar nichts von der Stadt sah, außer dem riesigen Fußballstadion. Ich ging zur Straßenbahnhaltestelle und fragte einen alten Mann nach dem Weg zur Piazza Carità. Er sah mich etwas mitleidig an, schob seine Mütze in den Nacken, kratzte sich nachdenklich hinterm Ohr und sagte in neapolitanischem Dialekt: »Signorina, ich bringe Euch da mal hin.«

Wir kletterten in die zum Bersten gefüllte Tram, standen dort nebeneinander in einer Traube von Menschen und sahen schweigend aus dem Fenster. Es ging durch das Viertel von Fuorigrotta, durch den Tunnel von Piedigrotta, die Riviera di Chiaia entlang, bis unter die Piazza dei Martiri. Ich sah das Meer, ein Gewühl von Autos, das Schiebefenster war offen, denn die Februarsonne wärmte schon die Luft.

Wir stiegen aus, und die Angelegenheit begann, mir peinlich zu werden. »Vielen Dank«, sagte ich meinem Begleiter, »aber jetzt möchte ich Sie nicht länger beanspruchen. Ich gehe allein zu Fuß weiter.« Er lächelte bloß nachsichtig und entgegnete, »nun laßt mal gut sein, wenn Ihr noch nie hier wart, könnt Ihr es gar nicht allein finden.« Es folgte ein gemeinsamer Fußmarsch bis zur Piazza Carità, und jetzt fragte ich den Alten endlich, ob er denn eigentlich was zu tun hätte, hier mitten in der Stadt. »Nein, nein«, antwortete der, »ich bin ja nun in Pension, nachdem ich dreißig Jahre lang als städtischer Gärtner gearbeitet habe. Jetzt habe ich viel Zeit, Signorina. Deshalb habe ich Euch mal eben begleitet.« Das hatte eine gute Stunde gedauert. Wir tranken noch einen Kaffee zusammen, dann verabschiedeten wir uns mit gegenseitigen Glückwünschen. Das war meine erste Begegnung mit Neapel. Ich war hineingestolpert und fürsorglich an die Hand genommen worden.

Fortan fuhr ich hin, wann immer ich Zeit hatte. Die Distanz zu Rom wurde mit den Jahren immer geringer, weil die Züge immer schneller fuhren. Ich steige inzwischen am richtigen Bahnhof aus, aber ich verlaufe mich immer noch regelmäßig und stolpere dabei von einer Geschichte in die nächste. Das ist typisch in Neapel. Man fährt hin, um über Zigarettenschmuggler zu schreiben und trifft im Caffè Gambrinus vollkommen zufällig einen Staatsanwalt aus Turin, der sich mit Doping beschäftigt und Diego Armando Maradona verhört hat. Man macht einen hochoffiziellen Termin mit einem Neapolitaner und stellt fest, daß man ihn schon lange kennt, weil man acht lange Sommer

Seite an Seite mit seinem Onkel Mario an einem Strand in den Abruzzen verbracht hat. Und wenn man nach ein paar Tagen in Neapel wieder in Rom ankommt, hat man das Gefühl, in einem anderen Land gelandet zu sein.

Neapel ist deshalb so geheimnisvoll, so unergründlich und doch so familiär, weil die Stadt so prall und unfaßbar ist wie das Leben selbst. Alles, was uns begeistern und abstoßen kann, finden wir hier: atemberaubend schöne Landschaften in der Umgebung und entsetzliche Umweltsünden, grandiose Architektur und ihren Verfall, die Gewalt der Camorra und die grenzenlose Gastfreundschaft der Neapolitaner, die Armut in den Bassi der Altstadt und den verschwenderischen Luxus in den Villen auf dem Hügel Posillipo, Gotik und Barock, Schmuggler und Internet-Firmen, Heiligenprozessionen und rauschhaft inszenierte Fußballspiele.

All das kann man nicht begreifen, aber man kann Neapel erkunden, Stück für Stück die Teile dieses einzigartigen Mosaiks entdecken und dann vielleicht feststellen, was das Ganze zusammenhält: ein undurchdringliches Geflecht menschlicher Beziehungen. Neapel, dieses verwirrende Kaleidoskop des Südens, ist 2500 Jahre nach seiner Gründung wieder eine europäische Metropole. Mit Klischees beladen, als Armenhaus Italiens geschmäht, von den großen Touristenströmen gemieden, hat sich die Stadt an der Schwelle zum neuen Jahrtausend auf ihre kulturellen Traditionen besonnen und ihr Selbstbewußtsein als uralte Metropole wieder entdeckt. Alle Kulturalter Europas finden sich hier, im unterirdischen, archäologischen Neapel und auf der brodelnden Oberfläche. Niemals aber wird Neapel, wie andere Städte Italiens, zu einem Museum erstarren.

Wir alle haben eine Idee von dieser Stadt. Der Mythos Neapel gehört seit den Zeiten der großen Reisenden zu unserem kulturellen Gepäck. Sonne, Chaos, heitere Menschen, Pizza, Mandolinen, der Vesuv. Manche haben auch düstere Vorstellungen, malen sich Neapel aus als dreckige Hauptstadt der Straßenräuber. Als Fremder kann man sich sehr unsicher fühlen oder gleich aufgenommen. Wie kaum eine andere Stadt Europas wird Neapel gehaßt, verachtet oder geliebt, das macht ihre unvergleichliche Intensität.

Wer nicht nur das sucht, was er ohnehin im Kopf hat, wird hier immer wieder aufs Neue überrascht. Alle anderen werden enttäuscht sein, wie jene Fernsehjournalistin aus der Schweiz, die nach Neapel kam, weil ihr ein Artikel aus einer deutschen Zeitung so gut gefallen hatte. Darin war von kaninchengroßen Ratten die Rede und von Kindern aus Pozzuoli, die in Pfützen und Schlamm spielen mußten. Die Dame wollte dieses Szenario naturgetreu abfilmen und wurde enttäuscht. »Diese Kirche ist mir gar nicht kaputt genug«, rief sie empört aus, als sie am Fuße des Vesuvs in einem vom Erdbeben ramponierten Gotteshaus stand. Der Priester mußte seit zehn Jahren in einer Baracke die Messe lesen.

Am Schluß gab es doch noch »ordentliche

Bilder«. Alles eine Frage der Kameraeinstellung, die aus zu wenig kaputt noch richtig kaputt machen kann. Denn was wollen die Zuschauer sehen? Daß sich nichts ändert in Süditalien, daß die da unten vor sich hin wursteln wie eh und je, um nicht endgültig im Dreck zu versinken. Neapel ist für viele Mitteleuropäer das Sinn- und Zerrbild Italiens. Man versteht es nicht, es erscheint als unheimlich, und in den Griff bekommt man es erst, wenn man sich überlegen fühlen kann.

Wenn das nicht geht, wird es für manchen kritisch. So erging es einem Ingenieur aus England, der zur Hochzeit eines Kollegen aus Neapel eingeladen wurde. Die Feier fand in einem Grand Hotel in Sorrent statt, es war ein rauschendes Fest, wie es nur im Süden zelebriert wird. Nach der Trauung öffnete sich in der kleinen Kapelle der Himmel über dem Altar, und rosa Blütenblätter schwebten auf das Brautpaar nieder.

Dann durften sich die Gäste im Hotelpark die Füße vertreten, der Blick ging über den Golf und den Vesuv, die Bougainvillea blühten, mitten im November, die Orangenbäume verströmten ihren unnachahmlichen Duft. Als das Brautpaar wieder erschien, wurde ein unglaubliches Büffet aufgefahren, der Brite speiste mit allen anderen, etwa vier Stunden lang. Dann schaute er die anderen Gäste an seinem Tisch an und fragte laut und vernehmlich: »And who pays for all that?« Das war eindeutig die falsche Frage am falschen Ort. Ein amüsiertes Geraune ging durch die Festgemeinde, das den peinlichen Patzer des Gastes aus dem fernen Land einfach wegtrug mit dem letzten Gang.

Auch in Italien scheidet Neapel die Geister. Der Norden rümpft die Nase über die alte Kapitale, unvergessen sind die Spruchbänder, die einst Fans des Fußballclubs Verona für die *tifosi* aus Napoli bereit hielten: »Forza, Vesuvio.« »Vorwärts Vesuv, verbrenne sie.« Neapel antwortete beim nächsten Heimspiel gegen Hellas Verona: »Giulietta è 'na zoccola«, »Julia ist eine Nutte«. Shakespeares berühmtestes Drama Romeo und Julia für das Stadion umzudichten, das ist Neapel. Der Rassismus der Norditaliener verletzt sie, aber eigentlich fühlen sie sich den wohlsituierten Angebern aus dem wirtschaftlich besser gestellten Teil Italiens kulturell hoffnungslos überlegen.

Und doch ist die Angelegenheit diffizil. Als dem Ehemann der Schauspielerin Claudia Cardinale mitten in Neapel seine sündhaft teure Armbanduhr gestohlen wurde, löste das eine unerhörte Pressekampagne aus. Der Regisseur mit rechtsgerichteten, politischen Ambitionen, aber mäßigem künstlerischen Erfolg, nutzte die Gelegenheit, um der linken Stadtverwaltung vorzuwerfen, sie habe die Kriminalität nicht im Griff. Der Taschendiebstahl geriet zur Staatsaffäre, Neapels Bürgermeister stand kurz vor dem Rücktritt. Bis eine simple Geste die Stadt aus den negativen Schlagzeilen holte. Bürgermeister Bassolino holte Frau Cardinale mit einem Blumenstrauß vom Flughafen ab und entschuldigte sich bei ihr, im Namen Neapels.

Kaleidoskop des Südens. Hauptstadt der Übertreibungen. Ältester Nabel der Welt. Wer Neapel erkunden will, wird weitergereicht von einem zum anderen. Das ist das große Abenteuer in Kampanien, im Netzwerk der Beziehungen zu wandern, ohne sich darin zu verheddern.

Ein schöner Schandfleck

Neapel, Amore und Sozialkritik:
Wie eine Seifenoper zum Renner wurde

Wenn es um die Ordnung geht, kennt Patrizio Rispo kein Pardon. Peinlich sauber hat seine Wohnküche auszusehen, alles muß an seinem Platz stehen wie die ergrauten Haare in seinem perfekt gestutzten Bart. »Es geht schließlich nicht um mich«, sagt Rispo streng, »sondern um das Image einer ganzen Stadt.« Soll man denn im übrigen Italien weiter denken, daß in Neapel sorglos und chaotisch vor sich hin gelebt wird, daß man hier ewig weiter wurschtelt im eigenen Dreck? Nichts da. Patrizio Rispo ist sich seiner Verantwortung bewußt, auch wenn er nicht im Rathaus arbeitet, sondern als Schauspieler beim Staatsfernsehen RAI. In der Serie »Un Posto al Sole« (Ein Platz an der Sonne) gibt der erfahrene Theatermann den Portier Raffaele Giordano. »Und die Kulisse räume ich selber auf.«

Patrizio Rispo ist ein neapolitanisches Urgewächs, ein Sproß des prominenten Zuckerbäckerclans Scaturchio mit Stammsitz an der Piazza San Domenico Maggiore. Kein Neapolitaner, der nicht einen *babà*, eine *sfogliatella*, eine *zeppola* und andere Köstlichkeiten von Scaturchio gekostet hätte. Diese *pasticceria* gehört zu Neapel wie San Gennaro in den Dom, deshalb ist Scaturchio ein Name, der verpflichtet. Das legt man nicht einfach so ab, nur weil man am Ende einer langen Karriere in einer Seifenoper gelandet ist. Über zwanzig Jahre lang hat der Schauspieler in Rom gelebt, »in der Emigration«, wie er rückblickend sagt, »denn Neapel war kulturell tot«. Dann kam Sant'Antonio Bassolino, der jetzt schon legendäre Bürgermeister, es kam der Aufschwung an den Golf, und es kam die RAI.

»Als wir 1996 hier anfingen, war in Neapel lange Zeit kein Fernsehen mehr gemacht worden«, erinnert sich Michele Zatta, einer der Verantwortlichen der Produktion. Die RAI-Studios im Schatten des San-Paolo-Stadions waren verwaist, die Stadt erschien abweisend, ja, feindlich, die Macher waren sehr skeptisch. »Wir wollten uns gar nicht so stark an diesen Ort binden«, berichtet Zatta, ein hochgewachsener Enddreißiger mit einer Mutter aus Köln. »Neapel hat ja eine sehr starke Identität, das hätte nach hinten losgehen können.« Es funktionierte aber dann von Anfang an. Ganz Italien schien auf die Geschichten aus Napoli gewartet zu haben, und die meisten Zuschauer hatte die Daily Soap zunächst ausgerechnet in Bozen – weil die Sendezeit um 18.30 Uhr mit dem Abendessen der Südtiroler zusammenfiel. Inzwischen kommt »Un Posto al Sole« an jedem Werktag zur Primetime, 20.30 Uhr, und konkurriert mit Spielfilmen und Nachrichtensendungen. Die 25 Minuten werden von einem Werbeblock unterbrochen, die Quote liegt bei 13 Prozent. Die Serie ist mit 3,5 Millionen Zuschauern die erfolgreichste Sendung des dritten Kanals RAItre, sie läuft auch auf RAI International wie von selbst, als Straßenfeger für die Italiener in New York und Argentinien, und Zatta weiß längst: »Es liegt an Neapel.«

Keine andere Stadt Italiens ist so überfrachtet mit realen Problemen und festsitzenden Klischees, keine andere Metropole polarisiert so wie Napoli. Für viele ist sie der Schandfleck Italiens: dreißig Prozent Arbeitslose, eine wuchernde Kleinkriminalität, Kinderarbeit und hinter allem der düstere Schatten der Camorra. Selbst in Rom, gerade mal neunzig Minuten Zugfahrt entfernt, kann man Menschen treffen, die zwar ihre Strümpfe in London kaufen, aber aus tief verwurzelter Abneigung noch nie nach Neapel gefahren sind. »Ich mag gar nicht sehen, welche Hölle daraus geworden ist«, vertraute uns einmal eine Ururgroßnichte des Admirals Francesco Caracciolo an, nach dem in Neapel immerhin die Uferpromenade Lungomare benannt ist. Die betagte Römerin aber zog es vor, die Heimatstadt ihrer berühmten Familie, die seit dem 13. Jahrhundert in Neapel verwurzelt ist, lieber unangetastet in ihrer Phantasie existieren zu lassen: Angst vor Neapel. Andere halten die Stadt unter dem Vesuv für die vitalste, vielfältigste und italienischste Großstadt von allen. Jeder Italiener hat seine Vorstellung von Neapel – und deshalb war »Un Posto al Sole« für die RAI ein großes Wagnis.

»Wir Neapolitaner gelten als heitere, sympathische Optimisten«, bemerkt Patrizio Rispo,

»aber wir müssen immer aufpassen, nicht zu sehr auf Gemeinplätzen herumzureiten. Die Zuschauer langweilen sich sonst, und wir tun uns und Neapel keinen Gefallen damit.« Rispo pflegt sein Neapolitanisch, aber: »Sie werden nie ein Schimpfwort von mir hören. Schließlich hat das Fernsehen auch eine Funktion bei der Spracherziehung.« Sein Raffaele nimmt wie viele Neapolitaner tausend Nebenjobs an, um seine Familie zu ernähren, und sagt überzeugt: »Wir wollen die aktive und ehrliche Seite Napolis darstellen.« Also alles schön politisch korrekt, nach den Vorgaben Michele Zattas, den sie im Team in Anspielung an die gestrenge Vatikanzeitung den *Osservatore Romano* nennen: keine Flüche, kein Konjunktiv und kein Bier.

Das Format stammt aus Australien – die RAI produziert gemeinsam mit Pearson Television – und bot zunächst nicht mehr als das übliche Neighbourhood-Strickmuster: die Nachbarn eines Stadtpalazzos, durch Liebschaften, Arbeitsverhältnisse, Intrigen und Konflikte miteinander verzahnt, während die Welt draußen nur aufgemalte Kulisse bleibt. Aber bei RAItre machten sie es anders. »Un Posto al Sole« zeigt dreißig Prozent Außenaufnahmen, und auch drinnen gibt es viel echtes Leben. »Neapel ist auf dem Weg, eine normale Stadt zu werden«, bemerkt die Schauspielerin und studierte Politikwissenschaftlerin Carmen Scivittaro, in der Serie die Haushälterin Teresa bei Adels im obersten Stock. »Aber es ist immer noch eine Stadt, in der alles geschehen kann.«

Auch in der Serie geschieht eine Menge. Die zwanzig Drehbuchschreiber klammern nichts aus, was Italien bewegt: Homosexualität männlich und weiblich, Männerprostitution – in Neapel seit jeher sehr verbreitet –, Abtreibung bei einer Minderjährigen, künstliche Befruchtung. Die Kirche hielt sich bislang raus, sogar die illegitime Tochter eines Priesters schluckte der sonst so kommentierfreudige echte *Osservatore Romano*. Aber in Neapel hat der Klerus auch andere Probleme, seitdem der Kardinal Michele Giordano wegen Wucherei angezeigt wurde. Der Skandal hielt Einzug ins Drehbuch, etwas versteckt natürlich, und auch die Camorra blieb nicht außen vor. Die Braut eines Hauptdarstellers entpuppte sich als Mafia-Aussteigerin und mußte prompt sterben, getroffen von den Kugeln eines feindlichen Clans.

Als Raffaeles Schwager Renato einen albanischen Flüchtlingsjungen adoptierte, wurde in einem echten Notaufnahmelager bei Brindisi gedreht. Auch ein Fall von medizinischen Experimenten an Obdachlosen lieferte Stoff fürs Drehbuch, und die Außenaufnahmen am Stadtrand waren alles andere als idyllisch. »Wir machen eigentlich längst eine Doku Soap«, berichtet Gabriella Mangia, eine temperamentvolle Süditalienerin, die von Anfang an im Script-Team arbeitete. Beabsichtigt war das eigentlich nicht – aber es kommt an. Das Publikum mag die Endlosserie mit viel *amore* und null Sex, mit alltäglichem Familienleben und ein wenig Sozialkritik. Ein bereits vor Jahren gezeigtes Reality-

Projekt mit einer echten Studenten-WG in Bologna, eine Art »Big Brother Light«, ließ die Italiener indes vollkommen kalt.

In den einst verwaisten RAI-Studios in Fuorigrotta wird inzwischen noch eine zweite Serie produziert, eine dritte soll folgen. Das Team von »Un Posto al Sole« läßt kaum eine Gelegenheit aus, Geschlossenheit mit der Stadt zu demonstrieren – ein jugendlicher Serienprotagonist machte wirksam Reklame für die Einführung der Helmpflicht, eine ganze Gruppe drehte zusammen mit Gefangenen aus der Haftanstalt Secondigliano einen Kurzfilm für die RAI.

In Neapel nennen sie »Un Posto al Sole« inzwischen respektvoll *'o film, den* Film. In vier Jahren Laufzeit ihrer erfolgreichsten Soap hat die RAI mehr als tausend Schauspieler und 11.000 Komparsen angestellt, hinzu kommen das technische Personal, die Kantinenleute, die Taxifahrer, die alle ein wenig teilhaben am Kuchen. Die Serie lebt von Neapel, aber auch die Stadt profitiert von der Langzeitproduktion. »Abends in der Pizzeria kommen die Leute auf mich zu«, erzählt Gabriella Mangia, »und fragen, ob ich nicht eine Rolle für sie oder ihre Verwandten erfinden kann.«

Manchmal kann sie das, denn die Grenzen zwischen Soap und Realität sind in Neapel fließend. Patrizio Rispo ist inzwischen Ehrenmitglied der Portiersvereinigung – mit Stimmrecht. Sein Kollege Marzio Honorato, der Schwager Renato in der Serie, hat hingegen nichts mehr zu lachen. Als ihn seine Filmfrau

Giulia betrog, zeigten die Neapolitaner mit dem Finger auf ihn und riefen hohnlachend: »Cornuto, Cornuto, du hast ja Hörner.« Solche Beleidigungen sind sonst nur Schiedsrichtern vorbehalten. »Das könnt ihr mit mir nicht machen«, drohte da Honorato Gabriella und ihren Kollegen. »Wir sind hier in Neapel.«

Auf ewig Capodimonte

Warum die letzten Bourbonen niemals Panettone-Kuchen essen

Salvatore weiß nicht mehr genau, wann es begann. Seine Mutter erzählte ihm abends die Geschichte der Bourbonenkönige wie andere *mammas* Märchen. Statt der *fumetti,* der Comic-Hefte, die seine Freunde lasen, bekam der Kleine Bücher mit den Abenteuern der Briganten. Jetzt ist Salvatore 26, ein großer und massiger Mann mit leidenschaftlichen Augen. Die langen, schwarzen Haare hat er im Nacken zu einem Zopf zusammengebunden. »In meinem Viertel halten sie mich für einen Arrivierten«, sagt er. »Weil ich nicht mit Drogen handle.« Sein Viertel ist Secondigliano, eines der Elendsquartiere Neapels. Dort herrscht die Camorra. Schon 13jährige arbeiten als Heroinkuriere, die Schulschwänzer-Quote bringt die linke Stadtverwaltung zur Verzweiflung. Salvatore ist nie weggezogen, dazu fehlt ihm das Geld. Aber er studiert Kulturwissenschaften und will Dottore werden mit einer Abschlußarbeit über die *canzone napoletana,* die Liedkultur seiner Heimatstadt. Das alles ist so gekommen, weil Salvatore Lanza ein neuer Bourbone ist.

Wir treffen uns im Caffè Gambrinus. Kleine Provokation am Rande, doch er sieht lässig darüber hinweg. Was weiß denn eine Fremde über die große und tragische Geschichte Napolis, sagt sein abschätziger Blick. Das Gambrinus, 1860 mitten im Todeskampf der Bourbonen gegründet, war von jeher ein Treffpunkt republikanischer Rebellen. Das Kaffeehaus liegt ja auch an der Piazza del Plebiscito, die nach der Volksabstimmung für die Einigung Italiens benannt ist. Damals wurde der Untergang des Königreichs beider Sizilien besiegelt, der letzte Bourbone aus Neapel verjagt.

Andererseits hat man aus den noblen Belle-Époque-Sälen des Gambrinus einen wunderbaren Blick auf den Palazzo Reale. Salvatores breiter Brust entringt sich ein theatralischer Seufzer. »Wohin Ihr in Neapel kommt, die schönsten Bauwerke stammen von den Bourbonen. Und trotzdem wollen sie uns zwingen, unsere Wohltäter zu vergessen.« Er sagt tatsächlich »Ihr« – das tun viele Neapolitaner aus Gewohnheit. Das neumodische »Sie« wurde erst mit der Einigung Italiens eingeführt. Es ist die Höflichkeit der Jakobiner, der Savoyer. Und darauf kann Salvatore pfeifen.

Lanza ist Sekretär des »Movimento Neoborbonico«. Ein Ehrenamt, aber das kann sich ja noch ändern. Wer weiß denn, was geschieht, wenn die Menschen des Südens im neuerrungenen Bewußtsein ihrer glorreichen Vergangenheit die Fesseln ihrer Knechtschaft abstreifen und sich befreien von den Ausbeutern im Norden. Ja, wer weiß, lächelt siegesgewiß *o' segretario*. »Das institutionelle Problem lösen wir nachher.« Und bis dahin? »Geht es um unsere Geschichte, unseren Stolz und unsere Identität«, sagt Salvatore, und dabei spricht er jedes Wort so aus, als sei es aus Marmor gemeißelt. Hinter seinen Marmorwörtern steht: So ähnlich wie bei den Bourbonen soll es bei uns dann aber bitte schön schon wieder werden. Über zehntausend Mitglieder hat die Bewegung schon. Überall in Italien und der Welt, wo neapolitanische Arbeiter als Emigranten leben, gibt es Neobourbonen. Allein in der alten Kapitale Neapel sind es dreitausend.

Wo aber anfangen, wenn alles so verkorkst ist? Zuerst das »jakobinische Sie« abschaffen oder die hohe Jugendarbeitslosigkeit von über sechzig Prozent, die Camorra bekämpfen oder die nicht abreißende Emigration in den reichen Norden? Da sagt Lanza etwas Überraschendes: »Dokumente. Wir sind immer auf der Suche nach Dokumenten, die uns die Wahrheit sagen. In den Büchern nämlich wird gelogen. Von klein auf haben sie uns dadurch die Unterlegenheit des Südens eingebleut.« Dieser Minderwertigkeitskomplex aber, so glauben die vom »Movimento«, sei die Ursache aller Probleme, das richtige Geschichtsbewußtsein jedoch der Ansatz zu ihrer Lösung.

Die Bourbonen: Salvatore legt jetzt richtig los. Wie Neapel unter Karl III. von 1734 bis 1759 zur kosmopolitischen Hauptstadt aufblühte, wieder Nabel der Welt wurde, was sie doch bei den alten Griechen schon war. Wie mit dem Teatro San Carlo das erste Opernhaus Italiens eingeweiht wurde, vierzig Jahre vor der Mailänder

Scala. Wie Karls Sohn, Ferdinand IV., die Kolonie von San Leucio gründete, die Modellgemeinschaft der Seidenweber. Männer und Frauen waren gleich, Bildung war das höchste Gut und die Starken mußten für die Schwachen sorgen. »Un socialismo perfetto«, »der perfekte Sozialismus«, sagt Salvatore, und das war ja nicht alles. Sind die Königsschlösser von Caserta und Capodimonte nicht mindestens so eindrucksvoll wie Versailles?

Ferdinand, der seinem Vater als Kind auf den Thron folgte, wurde in Neapel geboren und sprach den Dialekt des Volkes. Nach Jahrhunderten der Fremdherrschaft hatten die Neapolitaner *'o rre*, ihren eigenen König. Fortan zeigten sie es der Welt. Die Bourbonen bauten die erste Eisenbahnlinie Italiens, von Neapel nach Portici, sie eröffneten mit dem Osservatorio Vesuviano die erste vulkanologische Station der Erde und entsandten Archäologen in die verschütteten Städte Pompeji und Herculaneum. »Fünftausend Fabriken und kein einziger Emigrant«, triumphiert Salvatore. Dafür Pensionskassen für alle, und, nun gut, die Revolution von 1799, die Ferdinand blutig niederschlagen ließ. Dabei halfen ihm die Briganten, eine Art Räubermiliz, die das populäre Ancien régime der Bourbonen auch gegen Napoleon verteidigten.

Dann kam Garibaldi, und das mittlerweile marode Königreich des letzten Bourbonen Franz II. versank in einem Blutbad. Wieder mobilisierte der König sein Brigantenheer, bis heute erzählt man sich die Legenden von dem Frauenhelden Carmine Donatelli und dem Fra Diavolo, unerschrockenen, brutalen Guerillaführern, denen die Königin Maria Carolina zum Zeichen ihrer Bewunderung Locken von ihrem Haupt übersandte. Die Rebellen wurden vom Königreich Italien, regiert durch das Haus Savoyen, gnadenlos verfolgt. Nach der Einigung töteten die neuen Machthaber 12.000 Bauern, die den Briganten gefolgt waren, die wirtschaftliche Verelendung des *mezzogiorno* unter den Savoyern zwang Hunderttausende zur Emigration. Neapel aber wandelte sich von der Kapitale zum Armenhaus Italiens. »Noch heute muß ich meine Verwandten nach Weihnachten am Bahnhof verabschieden, wenn sie wieder in den Norden, wo sie arbeiten, zurückfahren«, ruft Salvatore dramatisch, »und wißt Ihr wie dieser Bahnhof in Neapel heißt? Porta Garibaldi!«

Das sind die Ohrfeigen der Geschichte, die noch immer schmerzen. »Seit 140 Jahren gibt es niemanden mehr, der uns wirklich repräsentiert«, behauptet Lanza. Moment mal: Hatte Süditalien nicht stets viel mehr Abgeordnete und Staatsdiener als der angeblich übermächtige Norden? »Alles Handlanger«, stellt der Sekretär klar. »Nein, wir brauchen eine neue Führungsschicht und müssen sie systematisch aufbauen.« Das hört sich geheimbündlerisch an, aber zur Not tut es, wie in der Vertretung zu Bari, auch der von Neobourbonen unterwanderte »Rotary Club«.

Sie binden sich nicht an Parteien. »Wenn

Wahlkampf ist, werden wir von allen umworben«, erzählt Salvatore grimmig. »Aber wir lassen uns vor keinen Karren spannen. Das fehlte uns gerade noch.« Bereitwillig plaudert *o' segretario* dann aber aus, daß der Schriftsteller und Berufsneapolitaner Luciano De Crescenzo ebenso zu den Sympathisanten gehört wie Dutzende von Künstlern, Intellektuellen und die halbe Stadtverwaltung sowieso: »Wir haben alles von extrem rechts bis extrem links.« Kommunisten bei den Königs-Nostalgikern? Ein Achselzucken: »Es geht nicht um die Wiederherstellung der Monarchie, sondern um die Befreiung des Südens.« Also sind sie Separatisten wie die Lega Nord, die Süditaliener als *terroni*, Erdfresser, beschimpft? Eine verächtliche Handbewegung: »Die haben uns erst mit Gewalt erobert und wollen uns jetzt mit Gewalt wieder loswerden.«

Seit Gründung des »Movimento Neoborbonico« im Jahre 1993 erscheint auch das *Giornale delle Due Sicilie* wieder, dessen Erscheinen 1860 eingestellt werden mußte. Darin veröffentlichen sie flammende Leitartikel mit drohenden Überschriften wie »Die Briganten sind zurück!«. Besonders aufschlußreich aber ist die Rubrik »Unsere Aktivitäten«, denn dort kann man erfahren, was sich die Neobourbonen so alles einfallen lassen, um die kulturelle und wirtschaftliche Ausbeutung des Südens ein für alle Mal zu beenden. Da gab es zum Beispiel eine Anrufaktion beim italienischen Kindernotruf Telefono Azzurro. Die Bourbonen beschwerten sich bei den verdutzten Kinderpsychologen darüber, daß Abermillionen unschuldiger Schulkinder aus dem *mezzogiorno* mit neojakobinischer Geschichtsklitterung verhetzt würden.

Die Aktionen werden regelmäßig donnerstags konspirativ ausgeheckt, an ihrem Sitz in der Via SS. Apostoli. Ihre Tagungen und Vorträge tragen pathetische Titel wie »Die Erinnerung gegen die Vergessenheit«, oder einfach »Die Ausbeutung des Südens«. Besonders rührig sind die Statthalter in Mailand – sie haben auf dem Domplatz einen »Kreuzzug gegen den Panettone«, den traditionellen Mailänder Festtagskuchen, organisiert, bei gleichzeitiger, großzügiger Verteilung neapolitanischer Weihnachtsspezialitäten nur an ausgewiesene Süditaliener. In Neapel demonstrierten derweil zweitausend Neobourbonen gegen die Aufführung der Revolutionsoper »Leonora« im Teatro San Carlo.

Das erscheint natürlich alles ebenso originell wie verrückt. Das »Movimento« scheint aus liebenswürdigen Nostalgikern zu bestehen, die keinem wirklich gefährlich werden können – noch nicht einmal der allgegenwärtigen Panettone-Industrie, die von Mailand aus ganz Italien mit ihrer klebrigen Kalorienbombe kolonialisiert hat. Dagegen zu halten ist nicht leicht. Nur 25 Firmen inserieren bislang im Katalog »Comprasud« (Kauf den Süden), mit dem die Neobourbonen den Absatz süditalienischer Produkte fördern wollen. Pasta und Musik-CDs mit neapolitanischen Liedern werden da neben

Bourbonen-Halstüchern und Fußball-Fanartikeln feilgeboten.

Und doch wächst ihre Anhängerschaft stetig. Eine große Rückbesinnung auf die so lange verschmähten Bourbonen ist im Gange, die italienischen Kulturbehörden haben das Jahr 2000 zum Bourbonenjahr erklärt. Im ehemaligen Bourbonenreich und in Rom laufen eine Vielzahl großer Ausstellungen, zu deren Eröffnungen Minister und Staatssekretäre eilen. Das Museo Capodimonte erstrahlt nach Jahrzehnten des Verfalls in neuem Glanz, im so lange verschlossenen Albergo dei Poveri in Neapel stehen die Portale offen, damit sich Besucher einen Einblick in die Sozialpolitik der Bourbonen verschaffen können. Ganz selbstverständlich wird Don Carlos de Bourbon wieder zum Blutwunder des San Gennaro eingeladen, der Nachfahre Karls III. sitzt dann in der ersten Reihe der Kathedrale, gleich neben dem Bürgermeister. Eine Bourbonenrenaissance scheint Italien erfaßt zu haben. »Wir müssen aufhören mit der Dämonisierung«, sagt der Historiker Giorgio Rumi. »Die Verteufelung der Bourbonen hat dem Süden Italiens nicht gutgetan.« Der Professor lehrt an der Staatlichen Universität Mailand.

Salvatores Handy klingelt. Es ist der Capo, der uns nun eine Audienz gewähren will. »Er ist erst 35«, berichtet der Sekretär mit leuchtenden Augen, »aber er hat das Zeug zu einem großen Führer.« Allein, Gennaro De Crescenzo fehlt es am blauen Blut, weswegen er uns nicht im Bourbonen-Schloß Capodimonte empfängt, sondern hinter der Piazza Mercato. Das ist mindestens ebenso symbolträchtig, befand sich doch in dem heute sehr heruntergekommenen Viertel unweit des Hafens einst das berüchtigste Bluttheater der Stadt. Konradin von Staufen mußte 1268 hier sein Leben unter dem Richtbeil der Anjou lassen, der Volksheld Masaniello wurde 1647 von den Schergen des spanischen Vizekönigs erschossen. Auch die Bourbonen ließen auf der Piazza Mercato ihre Feinde metzeln. 1799 endete die spätere Opernheldin Eleonora Fonseca und mit ihr fast die gesamte Aristokratie Neapels auf der Piazza Mercato am Galgen.

Heute stehen dort Hunderte von Autos, und das Taxi müht sich, zwischen den auf dem Pflaster ausgestellten Korbwaren zu wenden. Wir warten vor einer Schule, denn Professor De Crescenzo, Lehrer für Italienisch und Geschichte, hat gerade Mittagspause. Die schlichte Fassade des großen Schulgebäudes zeigt gefährliche Auflösungserscheinungen, aber darüber regt De Crescenzo sich nicht auf. Ihm geht es mehr um den *spiritus loci*. »Das Gebäude ist alt, sehr alt«, sagt er sanft. »Zuerst war es ein Kloster. Dann hat Ferdinand IV. hier ein Heim für Mädchen aus schwierigen Verhältnissen eingerichtet, die eine Berufsausbildung als Näherin und Stickerin bekamen. Noch heute ist es eine Berufsschule für Frauen. Und wißt Ihr, nach wem sie benannt ist?« Entrüstet zeigt De Crescenzo auf das Schild neben dem Eingang: »Isabella D'Este. Das muß man sich mal vorstellen! Was hat denn

Isabella D'Este mit Neapel zu tun?« Die kunstsinnige Renaissance-Markgräfin stammte in der Tat aus Ferrara.

Listige Augen hat Gennaro De Crescenzo, sie funkeln ironisch hinter einer modernen, randlosen Brille. Zu seinem azurblauen Hemd trägt er ein kamelfarbenes Jacket, und darauf prangt ein Sticker mit dem Wappen der Bourbonen. Darf er das im Unterricht tragen? Aber sicher, lächelt er beruhigend. »Wir sind doch ein Verein zur Bewahrung des Kulturerbes.« Und wie hält er es im Geschichtsunterricht mit den Bourbonen? »Natürlich kann ich die Schulbücher nicht austauschen, aber ich kann schon sagen, was ich von manchen Darstellungen halte.« Wenn Garibaldi dran ist, zieht De Crescenzo die Fotos von toten Briganten aus seiner Aktentasche. »Das muß man der Jugend doch sagen! Ich will nicht«, sagt De Crescenzo entschlossen, »daß diese jungen Frauen mit dem typischen, mediterranen Minderwertigkeitskomplex aufwachsen. Sie sollen stolze Neapolitanerinnen werden.«

Doch Neapel wäre nicht Neapel ohne den Widerspruch. Und so existiert in der monarchistischsten Stadt Italiens außer den Neobourbonen die nicht weniger bedeutende Fraktion der Savoia-Monarchisten, die ausgerechnet Anhänger der Killerdynastie des Königreichs beider Sizilien sind. Wegen ihrer Verbandelung mit dem Faschismus dürfen die männlichen Mitglieder des Hauses Savoyen seit 1946 nicht mehr nach Italien einreisen, doch Kronprinz

Vittorio Emanuele hat aus dem Exil in Genf bereits verlauten lassen, er wolle zuerst in Neapel landen, wenn es denn endlich soweit wäre. »Nach Turin soll er fahren, nach Turin!« ruft Salvatore Lanza. »Die Savoyer können ja noch nicht mal richtig italienisch.« Doch ihr Arm reicht weit. In der 2. Fußballiga mußte der glorreiche SSC Napoli, die Mannschaft der Bourbonen, sich zu Lokalderbies mit einem Trupp von Vaterlandsverrätern aus Torre Annunziata herablassen, die sich frech »Savoia« nennen. Lanza hält die Luft an und stößt sie kämpferisch wieder aus. »Absteigen. Die müssen absteigen. Stellt Euch vor, die tragen schwarzweiße Trikots wie Juventus Turin.«

Die echten Bourbonen hingegen, über deren Liebes- und Eheleben Neapel dank emsiger Berichterstattung der Lokalgazetten bestens Bescheid weiß, betrachten die Bemühungen des »Movimento« voller Leutseligkeit. Auch der Bourbone Juan Carlos, König von Spanien, hat Neapel besucht. Man hat sich mal getroffen, in einer Messe in Santa Chiara, weiß Salvatore zu berichten, und plötzlich bricht es aus ihm heraus: »War schon lustig. Die gleichen großen Nasen wie sie die Statuen im Palazzo Reale tragen.« Es war ein Erlebnis, von dem *o'segretario* lange zehrte, zu Hause, in Secondigliano.

Die Blonden werden knapp

Der Tabakschmuggel ist längst ein Kampf um Leben und Tod

O'cchiacchierone ist in Pension gegangen, er konnte es sich erlauben. In den goldenen Zeiten des Tabakschmuggels kontrollierte Mario Potenza, der »Schwätzer« von Santa Lucia, eine hübsche Flotte von zwanzig Motorbooten, die ihm die Ware aus dem Golf holten. Als Grossist belieferte Potenza halb Neapel, auch sein Nachfolger, Giuseppe Avagliano, konnte sich noch leisten, dem allmächtigen Clan Giuliano in Forcella zweihunderttausend Mark Schutzgeld zu zahlen, für eine einzige Schiffsladung Tabak. »Unsere Familie hat ihre Einkünfte im Ressort Tabak stets durch Herrn Avagliano bezogen«, gab Guglielmo Giuliano zu Protokoll, als er sich unter dem Protestgeheul der Frauen seines Clans zum »Mitarbeiter der Justiz« läuterte. Avagliano, *o' maggazzese* (der Lagerverwalter), war rechtzeitig in Deckung gegangen. Abgetaucht im Mai 1998, seither nicht wieder aufgetaucht. Welch eine Nase: Er hatte den richtigen Zeitpunkt abgepaßt, denn mit dem *contrabbando,* dem Zigarettenschmuggel, kann man in Neapel neuerdings nicht mehr viel verdienen.

Der absolute Tiefpunkt war zu Ostern erreicht. Die Stadt voller Touristen, also potentieller Kunden, Raucher aus aller Herren Länder, und dann das: Die »Casa Rossa« (Rote Marke, Marlboro) für sieben Mark. »Was soll denn das? Wohl der Festtagszuschlag?« Genau, antwortet, ohne mit der Wimper zu zucken, der Alte am Vico Campanile. »Wenn Ihr am Sonntag ein Taxi nehmt, zahlt Ihr doch auch mehr.« Schon, aber hier handelt es sich immerhin um Schmu... »Falsch!« triumphierend zeigt er auf die Monopolmarke auf der Schachtel. Die Zigaretten kommen gar nicht vom Schiff, sondern vom staatlich geprüften Tabakhändler.

So weit ist es gekommen. Neapels *contrabbandieri* müssen bei der lizensierten Konkurrenz kaufen gehen, und die Ware dann anbieten, wenn die anderen Feierabend machen. Früher machten die Schmuggler gute Geschäfte, weil ihre Zigaretten immer deutlich unter dem Ladenpreis lagen. Heute sind sie teurer, was eigentlich widersinnig ist. Aber was soll man machen, wenn aus Apulien kein Nachschub mehr kommt? Noch nie hat die italienische Finanzpolizei Zigarettenschmuggler so erbittert gejagt und so erfolgreich.

Jahrzehntelang galt der Schmuggel in Süditalien als Kavaliersdelikt. Neapel war die nicht allzu heimliche Hauptstadt der *contrabbandieri,* Männer, die Nacht für Nacht ausfuhren, um ihre *stecche* (Stangen) aus perfekt getarnten Verstecken zu holen. Der Schmuggel gab vielen Arbeit und Brot, mancher Boß konnte sich rühmen, Zehntausenden zu einem wenn auch mageren Einkommen zu verhelfen. Geschmuggelt wurde alles, was sich anbot. Manchmal war auch eine Schiffsladung Kühe dabei. Die *contrabbandieri* boten ihre Ware nahezu unbehelligt feil, kaum eine Straßenecke in der Altstadt, an der nicht ein Tischlein mit einer bunten Vielfalt von Zigarettenmarken stand. Die Schmuggler versorgten ihre Kundschaft auch im Justizpalast und im Krankenhaus.

Bis die Korruptionsskandale von Tangentopoli das Land erschütterten und eine Expertengruppe im Finanzministerium mal ausrechnete, was dem Staat durch den pittoresken Tabakschmuggel denn eigentlich so durch die Lappen ging. Man kam auf die hübsche Summe von einer Billion Lire im Jahr, gut einer Milliarde Mark. Prompt erließ die Regierung ein Dekret, in dem erstmals auch die Kunden der Schwarzhändler mit Geldbußen bedroht wurden. Ein findiger Bürokrat regte sogar an, die Namen der in flagranti ertappten Tabaksüchtigen in der lokalen Presse zu veröffentlichen. Das war zuviel des Guten.

Als der erste Schmuggler in Neapel verhaftet wurde, brach der Aufstand los. Die *contrabbandieri* marschierten hocherhobenen Hauptes in der ersten Reihe einer Demonstration von Fiat-Arbeitern, in den Händen ein Spruchband, auf dem zu lesen stand: »Die Politiker haben sich ihr Hirn weggeraucht!« Den eiligst eingeflogenen Reportern aus ganz Italien erklärten die Schmuggler: »Wir haben ja keine andere Wahl. Ohne die Zigaretten wären wir arbeitslos. Sollen wir denn Heroin verkaufen?« Das kam an. In den Medien wurden die armen *contrabbandieri* wie Vertreter einer vom Aussterben bedrohten Bärenart gehätschelt, und als sie dann noch ihre Drohung wahr machten und zwei Tage streikten, empfing sie der Polizeipräsident von Neapel höchstpersönlich.

In den letzten Jahren jedoch hat sich die Szene geändert. Die linke Stadtverwaltung griff zumindest in den von Touristen frequentierten Vierteln um Spaccanapoli durch und vertrieb die Schmuggler nach Forcella, Mercato und in die Quartieri Spagnoli. Das Geschäft wurde für alle Beteiligten gewinnträchtiger und riskanter. Ende der neunziger Jahre brach um die »Blonden« aus Montenegro ein blutiger Clankrieg aus, allein im Frühjahr 1998 verbluteten auf den Straßen Neapels 28 junge Männer, auch vor einem 14jährigen Jungen machten die Killer der Camorra nicht Halt.

»Früher gingen wir zu Fuß oder mit dem Fahrrad auf Schmugglerjagd«, erinnerte ein Offizier der Finanzpolizei. »Wir mußten nur auftauchen, und die *contrabbandieri* ergriffen die Flucht.« Heute sind Feuergefechte an der Tagesordnung, die Schmuggler bereiten ihren Verfolgern regelrechte Hinterhalte, und die Clans aus Forcella sind längst nur noch ein Rädchen im Getriebe der internationalen Verbrecherorganisationen.

Die apulische Mafia »Sacra Corona Unita« hat sich Dank der Neapolitaner und der Zuliefererbanden in Exjugoslawien und Albanien zu einer schlagkräftigen Organisation emporarbeiten können. Um die Ware aus Montenegro, wo der Tabakhandel keiner staatlichen Lizenz bedarf, nach Italien zu schaffen, bedienen sich die Schmuggler modernster Radaranlagen, Motorboote und gepanzerter Fahrzeuge.

Für die Finanzpolizisten geht es nun bei jedem Einsatz um Leben und Tod. »Wir haben in einem Jahr tausend Lastwagen beschlagnahmt, siebenhundert Personen verhaftet und sechshunderttausend Tonnen ›Blonde‹ konfisziert«, berichtet ein General. »Und doch ist dies nur ein Zehntel dessen, was auf diesem schwarzen Markt existiert.« Immerhin sind die Fahnder so fix geworden, daß Neapels Schmuggler auf dem Trockenen sitzen.

Im Mai 2000 gelang den Italienern ihr bisher größter Schlag. In Zürich ließen sie Gerardo Cuomo verhaften, den mutmaßlichen Kopf einer Schmugglerbande mit Filialen in Holland, Italien, der Schweiz und Panama. Cuomo, der ursprünglich aus Gragnano stammt, einem Nest gleich hinter Castellammare di Stabia, hatte sich im Exil einen lombardischen Akzent zugelegt, und gab sich ganz als Gentleman. »Seit dreißig Jahren mache ich in Tabak«, sagte er kurz vor seiner Verhaftung der neapolitanischen Tageszeitung *Il Mattino.* »Ich habe nichts zu verbergen. Was nach dem Verkauf meinerseits mit der Ware geschieht, interessiert mich nicht.«

Cuomo erwarb die »Blonden« jeweils mit Vorauszahlung in Montenegro, seine ebenfalls aus Neapel stammenden Mittelsmänner sorgten dann dafür, daß die Ware schließlich in Italien landete. Völlig selbstverständlich bezeichnet der Schmuggler sich als »Tabakmakler«, Vermittler zwischen Ländern ohne Tabaksteuer und solchen mit Staatsmonopol. Die italienische Antimafiaeinheit DIA vermutet indes noch ein bißchen mehr hinter Cuomos Reichtum und seinen Börseneinsätzen: Mitgliedschaft in mafiosen Vereinigungen. Das ist auch in der Schweiz ein Delikt.

Die Krippe, der König und das Fegefeuer

Die Bottega des Giuseppe Ferrigno

Die Werkstatt ist klein und zugig, eine Heizung gibt es nicht. Er fühle einen Anflug von Grippe, sagt Giuseppe Ferrigno, aber die Tür schließen will er deshalb trotzdem nicht. Sonst wäre er ja ausgeschlossen aus dem Leben in seiner Stadt. Jenseits der Schwelle liegt die Gasse mit dem geradezu absurd hohen Torbogen von San Gregorio Armeno, unter dem der Strom von Touristen und fliegenden Händlern nie abreißt. Ferrigno sieht auf dieses Straßentheater, seitdem er denken kann. Er ist hier 1935 als Zweitjüngster von zwölf Geschwistern geboren, in der Wohnung über der Werkstatt an der Via San Gregorio Armeno, mitten im alten Herz der Stadt. Sein Leben lang hat er aus der Tür dieser *bottega* (Werkstatt) geschaut, als Kind zunächst, dann als Heranwachsender, als junger Familienvater, zuletzt als Patriarch. Während dieser Jahre ist Ferrigno der bekannteste Handwerker Neapels geworden. Wenn man Handwerker sagen darf. *Artigiano* heißt es auf italienisch, darin kommt das Wort *arte,* Kunst, vor, und als Kunstmacher versteht sich der alte Krippenbauer Ferrigno.

Die Krippenmacher haben San Gregorio Armeno in der Welt berühmt gemacht. Heute sind sie eine verschwindend kleine, aber mächtige Kaste in Neapel. Ihre Gasse zwischen der Via dei Tribunali und Spaccanapoli ist vielleicht das einzige Stück Fußgängerzone, das auch von den Mopedfahrern strikt respektiert wird. In San Gregorio gibt es keine Zigarettenschmuggler und keine Falschparker. Es ist die Welt der Krippen: Neapel in idyllischer Miniatur. Das lieben die Fremden, aber auch die Neapolitaner.

Ferrignos Werkstatt floriert, er hat sich sogar vergrößert und im Haus nebenan drei Ausstellungsräume dazugenommen, denn die Kundschaft rennt ihm den Laden ein. Der Staatspräsident ist gekommen, sofort bei seinem ersten Besuch in Neapel, Luciano Pavarotti schaute auch schon vorbei, und das spanische Königspaar bestellte gleich drei Weihnachtskrippen nach Madrid. Ferrigno hat sie geliefert, schweigt vornehm über den Preis, stellt aber sofort fest: »Rabatt hat es nicht gegeben.« Das hat er nicht nötig, bei keinem, und wenn er eine Krippe verschenken will, dann gibt er sie dem Krippenmuseum in Bethlehem oder dem Papst.

Das Krippenmachen war einst eine königliche Kunst in Neapel, erfunden als nobler Zeitvertreib von Karl III. Gleich nach seiner Thronbesteigung im Jahre 1734 verlangte es den tief katholischen Bourbonen nach einer Krippe, wie sie die Welt noch nicht gesehen hatte. Zunächst begab er sich höchstselbst ans Basteln und fertigte Figuren, für die seine Gemahlin Maria Amalia, eine Tochter des Sachsenkönigs August des Starken, die Gewänder nähte. Doch bald wurde die ewige Näherei der edlen Dame zuviel. Eine Königin habe Besseres zu tun, als sich die Hände für Puppenkleider zu zerstechen, klagte sie öffentlich, und es gehe ja auch nicht um den Herrn, denn der habe am wenigsten an. Da ließ der Gatte es gut sein.

Aus seiner Passion wurde fortan für andere ein Beruf. Bei Hofe siedelten sich allerlei Werkstätten an. Stukkateure, Bildhauer, Juweliere, Schuhmacher und Maler arbeiteten an den Bourbonenkrippen, deren Figuren mit kostbaren Stoffen aus der königlichen Manufaktur eingekleidet wurden. Bald avancierte das religiöse *teatro statico* zum Statussymbol des gesamten neapolitanischen Adels. Das Fieber grassierte derart, daß man Krippenregisseure beschäftigte, die Hirten, Madonnen und Heilige kunstvoll in riesige Kulissen integrierten.

Es war die Stunde des Giuseppe Sammartino, eines Ahnherren von Ferrigno, dessen Ruf in der Stadt noch immer nachhallt. Sammartino und seine Kollegen Domenico Vaccaro, Lorenzo Mosca und Francesco Celebrano brachten es zu Ansehen und Reichtum. Ihre Krippen hatten längst den bäuerischen Rahmen des ursprünglichen *presepio* gesprengt – sie entwickelten sich zum Spiegelbild der aufblühenden Kapitale Neapel.

Der Hafen mit den Fischerbooten gehörte dazu, die *locande* (Schenken) mit ihren Marketenderinnen und den frisch erlegten Hasen und Fasanen am Fleischerhaken. Marktfrauen boten Limonen, Artischocken und *trippa,* Kutteln, feil, Bäcker schoben ihre Fladen in den glühenden

Holzkohleofen, nebenan spielten zwei eine Partie Karten. In den Gassen drängten sich Wasserträger, Scherenschleifer und Losverkäufer, Adlige, Bauern und Priester. Die *sacra famiglia* fand ihren Platz in all diesem Trubel, leicht erhöht zumeist, manchmal gar in den Ruinen eines römischen Tempels, nicht selten aber mußte man sich anstrengen, um die Madonna und das Kind in dem Kaleidoskop überbordenden Lebens überhaupt zu finden.

Die Aristokratie ergötzte sich mit einer gehörigen Portion Selbstverliebtheit am *presepio,* bis der Geist der Aufklärung herüberwehte und die hochherrschaftlichen Krippen ins Museum verbannte, wo sie noch heute stehen: auf dem Vomero-Hügel oder im Kreuzgang der Kirche Santa Chiara. Unten in der Stadt aber lebte die Krippenbegeisterung weiter. Die Materialien wurden billiger – statt Holz und Stoff nahm man Ton –, und die heilige Familie wurde von den nun immer zahlreicher auftretenden Hirten vollends an den Rand gedrängt. So wie vormals der Adel inszenierte sich nun das Volk und schuf symbolische Figuren, die die überlieferten Heiligenlegenden ergänzten. Benito, der immermüde Schäfer, etwa oder der Tollpatsch Ciccibacco auf dem Holzfaß sind in einer echten neapolitanischen Krippe so unverzichtbar wie Ochs und Esel. Die Religiosität der Neapolitaner kennt nichts Profanes, andererseits ist ihnen ihr Alltag Mystik genug.

Das macht das *presepio* zutiefst demokratisch und sehr aktuell. Seit jeher haben die Neapolitaner ihre Helden und ihre Sünder zu Füßen des neugeborenen Kindes gestellt, und heutzutage ist das alljährlich in der Adventszeit zelebrierte Jüngste Gericht in der Via San Gregorio Armeno bei Politikern und Filmstars nachgerade gefürchtet. Wer sein tönernes Abbild in der Krippenmacherstraße wiederfindet, darf sich freuen, wer es gar in Ferrignos Schaufenster schafft, ist auf dem Gipfel der Popularität.

Der Dichter Eduardo De Filippo selig gehört zu diesen Krippenheiligen, verdientermaßen, hat er doch in seinem Dialektstück »Weihnachten im Hause Cupiello« der Krippe eine stille Hauptrolle im Generationenkonflikt neapolitanischer Kleinbürger zuerkannt, dann Totò, *il Principe Antonio de Curtis,* der aus seinem Palazzo auszog, um als Komiker unsterblich zu werden, und der letzte neapolitanische Volksschauspieler, Massimo Troisi.

Der ganz große Coup jedoch gelang Ferrignos Kollegen Pasquale Mormone von der anderen Straßenseite. Auf dem Höhepunkt der Korruptionsaffären, die Italien zwischen Mailand und Palermo erschütterten, stellte Pasquale kurzentschlossen den Staatsanwalt Antonio Di Pietro in die Krippe und ernannte sich selbst zum »Krippenmacher mit sauberen Händen«. In der Folgezeit verdiente er sich eine goldene Nase.

Auf den Staatsanwalt folgte der Bürgermeister Antonio Bassolino, und diese Nachricht machte bald die Runde im ganzen Land. Einen leibhaftigen Kommunisten wie Bassolino heiligzusprechen war für Mormone kein Problem. *O' sindaco* war reif für die Krippe, spätestens seitdem er am Festtag der Immacolata die Mariensäule vor dem Gesù Nuovo erklommen hatte. Eine Aureole aus Draht, fertig war Sant'Antonio mit der Bürgermeisterschärpe und bekam seinen Platz in der ersten Reihe vor dem Jesuskind. Sogar aus Japan rückte ein Fernsehteam in die Via San Gregorio ein, um die Sensation zu filmen, übersah allerdings, daß Pasquale auch noch zwei Polizisten in die Krippe gesetzt hatte. Begründung: »Die Polizei hat sich bei uns eine Macht zurückerobert, die sie lange Zeit nicht hatte.« O Zeichen, o Wunder.

Nachbar Ferrigno hat zähneknirschend nachgezogen, nur zu Werbezwecken, wie er betont. Manchmal schlug er dabei etwas über die Stränge. Prinzessin Diana wurde als Weihnachtsengel ein echter Ladenhüter. Schlimmer erging es Ferrigno mit Gianni Versace. Ein bekennender Schwuler in der Krippe, noch dazu, wo er eines gewaltsamen Todes gestorben war? Verschämt ließ der Meister die Tonpuppe ins Magazin wandern. Sie sind schon nicht so leicht durchschaubar, die Spielregeln dieses *teatro stabile.* Auch nicht für Giuseppe Ferrigno, der doch mit der Krippe aufgewachsen ist. Seit 1836 betreibt seine Familie die Werkstatt. Giuseppe folgte der Tradition, steuerte das Geschäft durch die Krisenjahre der Nachkriegszeit und lehrte seinen Sohn Marco das Handwerk, auf daß er es in das neue Jahrtausend bringe.

Die beiden arbeiten Seite an Seite in der

engen Bude. An den Wänden stapeln sich die kostbaren Hirtenfiguren, ein Schrank quillt über von *pulcinellas*. Der neapolitanische Harlekin ist Ferrignos Spezialität, er stellt hinreißende Masken her, mit einem Ausdruck zwischen Melancholie und Dreistigkeit und langen, sprechenden Händen. In der kalten Januarluft bemalt Marco einen Madonnenkopf, während der Vater aus Tonmasse einen Ochsen nach dem anderen formt. »Dreißig sollen es in dieser Woche werden«, sagt er. »Wir arbeiten auf Vorrat.« Schon bevor sich in der Adventszeit die Bestellungen häufen, ist bei ihnen das ganze Jahr Saison.

Das kommt daher, weil sie mittlerweile die einzigen sind, die Figuren nach der Tradition des Sammartino herstellen. Es sind Einzelstücke, jedes mit einem eigenen Gesicht, aus den altbewährten Materialien. Terrakottaköpfe mit Glasaugen, hölzerne Gliedmaßen und Kleider aus Seidenstoffen, die ein Familienbetrieb in dem mittelalterlichen Dorf San Leucio produziert – seit 150 Jahren, genau wie die Ferrignos. Zwei bis drei Wochen arbeitet der Krippenmacher an einem Hirten, modelliert seinen Kopf, bemalt ihn sorgfältig und läßt ihm dann von seiner Frau die kostbaren Seidenkleider anziehen. Kunden in der ganzen Welt reißen sich um solche Puppen.

Das Handwerk hat ihn wohlhabend gemacht, doch seiner Leidenschaft tut das keinen Abbruch. Tag für Tag sitzt er, gehüllt in einen grauen Kittel, hinter seinem Tisch mit Blick auf die Straße und unterhält die Kundschaft mit Anekdoten. Ferrignos altersloses Gesicht ist dann das Abbild neapolitanischer Geschäftstüchtigkeit. Stolz wie ein kleiner Junge holt er eine dicke Mappe mit Zeitungsartikeln über seinen Laden hervor und blättert sie auf. Es ist der Blick der anderen auf einen, der sein Leben lang aus der Werkstatt nach draußen gesehen hat, der Blick auf das *teatro statico.* Manchmal ist der Alte mit seinen Figuren gereist; in einem venezianischen Adelspalast hat er eine Krippenlandschaft aufgebaut wie weiland Sammartino bei den Bourbonen. Eine Einladung nach Bethlehem zur Ausstellung seiner Weihnachtskrippe schlug er aber aus. »Was hätte ich denn dort machen sollen, so ganz allein im Heiligen Land?«

Es ist nicht leicht, mit dem Vater zu arbeiten, sagt der Sohn Marco. Wenn niemand hereinschaut, beginnen sie in der Einsamkeit der Werkstatt zu streiten. »Um die Krippen geht es aber nie«, stellt Marco klar, nichts Wesentliches also. Nach 65 Jahren reitet Giuseppe nun der Teufel, daß er ausziehen möchte aus seiner *bottega.* Er will eine Krippenmacherschule eröffnen, auf daß das Handwerk fortlebe in Neapel und vielleicht auch anderswo. Unter den Kunden findet er die Deutschen und die Amerikaner besonders empfänglich für die Krippe. Es gibt so vieles zu lehren und zu erklären, denn die Krippe ist wie das Leben. »Oder etwa nicht?« Ihre Hirten sind austauschbar, nur die elf Figuren der heiligen Familie sind beständig, man muß sich arrangieren in der Landschaft, und das Ende ist sicher.

Nach dem *presepio* kommt nämlich das *purgatorio,* nach der Krippe das Fegefeuer, nach dem Fest der Geburt die Zelebrierung des Todes. Sammartino, der Krippenmeister, hat im Cristo Velato sein Meisterwerk geschaffen, jener Marmorstatue des verhüllten Leichnams Christi, die in der Cappella Sansevero als Meisterwerk barocken Verismus' zu sehen ist. Maestro Giuseppe begnügt sich mit Ton und der Rinde der Korkeiche für sein Fegefeuer, und wenn der Marmor die Ewigkeit symbolisiert, so stehen seine Materialien für die Vergänglichkeit. Auf einer kleinen Bühne seufzen die gequälten Seelen inmitten lodernder Flammen. Eine barbusige Sünderin ist dabei und ein Priester mit Hut. Mitleidsvoll betrachtet die Madonna in Schwesterntracht die grausame Szenerie und zeigt dem Gekreuzigten im Hintergrund, welche Seele er erlösen und ins Paradies schicken soll.

Am 17. Januar, dem Namenstag des heiligen Antonius von Ägypten, wird die Krippe auf dem Dachboden verstaut und das Fegefeuer aufgebaut. So will es die Tradition. Zwei Tage lang bleiben die armen Sünder in der Wohnstube, als *memento mori,* dann schlägt ihre Stunde: Früher ging das Fegefeuer in reinigenden Flammen auf, heute wird es nur weggeräumt. »Es ist schlicht zu teuer, um verbrannt zu werden«, erklärt Giuseppe Ferrigno. Trotzdem ist eine Krippe ohne Fegefeuer für die Neapolitaner nur ein halbes Fest, und neuerdings erliegen auch die Nordländer dem morbiden Charme von Ferrignos *purgatorio.* »Sie sagen mir, sie stellen es sich ins Büro«, erzählt der Krippenmacher. Und dafür hat er nun wirklich keine Erklärung.

Blutwunder für Seine Eminenz

San Gennaro, der Kardinal und die Lottozahlen

Gennaro macht das nun schon seit gut sechshundert Jahren, da weiß man, worauf es ankommt. Wenn das Volk in der überfüllten Kathedrale von Neapel anfängt zu murren, wenn das Unbehagen aus den weit geöffneten Kirchenportalen enteilt und sich draußen auf die wartende Menge legt, wenn die Honoratioren in den vordersten Reihen sich den Schweiß der Anspannung von der Stirn wischen, dann ist der richtige Moment gekommen. Es kann Stunden dauern, manchmal sogar Tage, bis es erreicht ist. Manchmal geschieht es gar nicht, und das ist ganz besonders schlimm, denn Gennaros Verweigerung könnte Kriege nach sich ziehen, Hungersnöte oder den Ausbruch des Vesuvs, mal ganz zu schweigen von der Verzweiflung der Lottospieler, die nicht wissen, welche Zahl sie spielen sollen.

Diesmal hatten sie schon gemurrt, bevor es überhaupt losging. »Er wird schweigen«, ahnten sie, als wenn er das nicht ohnehin täte, seit seiner Enthauptung durch die Schergen des Diokletian im Jahre 305. »Er wird es schon tun«, hofften die anderen. Im Dom waren Dutzende von Journalisten, die vermutlich lange keinen Fuß mehr in eine Kirche gesetzt hatten, aber jetzt die Entscheidung des Heiligen erwarteten, als handle es sich um einen gültigen Richterspruch.

Gennaro, ganz Profi, ließ die Spannung genau 94 Minuten sieden. Mehr hätte die Stadt nicht vertragen, und erst recht nicht der Pausbäckige in der ersten Reihe. Um 10.34 Uhr zeigte Kardinal Michele Giordano den Gläubigen die schweren Silberampullen mit dem Blute des Heiligen. St. Jannarius hatte sich verflüssigt, pünktlich wie selten, und für Seine Eminenz war das Blutwunder diesmal so wichtig gewesen wie nie zuvor.

Es war ja auch kein Monat vergangen, seit jenem Augustmorgen, an dem Michelangelo Russo den Dom zu Neapel betreten hatte. Ganz leer war die große Kirche an jenem Samstag gewesen, doch auch Russo hatte Gennaro gesucht. Still begab er sich in die Kapelle des Heiligen, wahrscheinlich sprach er auch ein Gebet. Es war ein Moment der Sammlung, bevor der Staatsanwalt in den nahegelegenen Palazzo Donnaregina eilte, um seinen Amtspflichten zu genügen, im Schlepptau 24 Finanzpolizisten mit einem äußerst delikaten Auftrag: Hausdurchsuchung im Bischofspalast und Sicherung der Dokumente aus dem Büro seiner Eminenz Michele Giordano.

Auf der Schwelle trat ihm Seine Eminenz schon entgegen, ein leutseliges Lächeln auf dem breiten Gesicht. Ob das denn sein müsse, fragte der Kardinal den Ankläger. In seinem hellgrauen Anzug straffte sich Michelangelo Russo und sagte fest: Ja, das müsse sein. Monatelange Ermittlungen hatten den schwerwiegenden Verdacht gegen einen der mächtigsten Prälaten Italiens erhärtet. Michele Giordano, Kardinal von Neapel, sollte sich der Beihilfe zum Zinswucher und zur Erpressung schuldig gemacht haben. Ein harter Schlag für die Kurie, galt doch der Erzbischof von Neapel bislang als Lichtgestalt im Kampf der katholischen Kirche gegen expandierende Wucherei.

Nach Schätzungen der Finanzpolizei sind in Italien umgerechnet vier Milliarden Mark an schwarz vergebenen Krediten im Umlauf, etwa vier Millionen Italiener gelten als Opfer der rund achttausend Kredithaie. Zinswucher ist ein Riesengeschäft für die Mafiabanden des Südens, die sich systematisch am Elend vieler Familien bereichern. Kardinal Giordano aber war für seinen unermüdlichen Einsatz gegen die *cravattari,* die Halsabschneider, bekannt. In Neapel richtete er eine kirchliche Schuldnerberatung ein, stets war er zur Stelle, wenn es galt, die Mafia der Kredithaie von der Kanzel zu verteufeln. Exkommunizieren müsse man die Wucherer, drohte Seine Eminenz immer wieder, und dabei, so glaubt der Staatsanwalt, sah der Kardinal womöglich den Balken im eigenen Auge nicht.

Denn daß Michele Giordano seinen jüngeren Bruder wie seinen Augapfel hütete, wird ihm zum Verhängnis werden und gereicht der Kirche zur Schande. Mario Lucio Giordano lebt noch immer im Heimatdorf des Kardinals, einem kleinen Ort mit dem wegweisenden Namen Sant' Arcangelo (Heiliger Erzengel) in den rauhen Bergen der Basilicata. Dort soll der jüngere Giordano finsteren Geschäften nachgegangen sein. Gemeinsam mit einem Filialleiter der Banco di Napoli hatte der gelernte Bauzeichner eine *cooperazione del credito* gegründet, zu deutsch eine Kreditkooperative. Seinen Schuldnern gegenüber erwies sich Giordano indes als nicht gerade kulant: Zinsen von hundert, zweihundert manchmal sogar dreihundert Prozent waren bei ihm die Regel.

Wenn man Geld verleihen will, muß man erst einmal welches haben. Das nötige Kapital für seinen nicht nur höchst unchristlichen, sondern nach geltendem Gesetz auch illegalen Broterwerb aber erhielt Mario aus Neapel von Bruder Michele. Allein zwischen 1994 und 1998 schob ihm der Kardinal mehr als 1,5 Millionen Mark zu – eine beträchtliche Summe, wenn man bedenkt, daß der Erzbischof von Neapel als eigenen Jahresverdienst gegenüber dem italienischen Fiskus nie mehr als dreißigtausend Mark angab. Ob er heimlich Lotto gespielt hat? Die erste Auslosung geschah zu Neapel am 24. April 1657. Seither verknüpft das Volk jeden Traum, jede Alltagsbegebenheit mit einer Lottozahl. Schauen wir mal in die Smorfia, das Buch, das allen möglichen Personen und Gegenständen die passende Zahl gegeben hat, und suchen: Prete, Priester. Priester ohne alles: 59. Priester am Altar: 39, im Beichtstuhl 18, bei der Predigt 72, lehrender Priester 75, spielender (?) Priester 84, gibt's ja alles, mit Weihrauchgefäß 41, toter Priester 63.

Beim Verschieben des Batzen sollen jedenfalls außer dem Kardinal und seinem Bruder auch der inzwischen verstorbene Verwalter der Diözese sowie die Neffen der Eminenz beteiligt gewesen sein. *Un affare di famiglia* also, eine Familienangelegenheit, in Lottozahlen ausgedrückt: Bruder 89, Wucherer 90, Kardinal 15, und bei den Neffen wissen wir wieder nichts: Wenn sie Kinder haben 89, kinderlos 8, arm sind sie wohl nicht mehr, also können wir 71 ausschließen und spielen mutig 44: reicher Neffe. Mal zwei macht 88.

Nichts, das eine Hausdurchsuchung im Bischofspalast rechtfertigen würde, gegen die später der Vatikan halbherzig protestierte, oder gar eine bislang beispiellose Anklage gegen einen der herausragendsten Vertreter der katholischen Kirche in Italien. So argumentierte auch Giordano, als er seinen Ankläger bei einem ersten Verhör wiedertraf – im Konvent des Heiligen Antonius zu Nocera Inferiore. Er habe seinem Bruder nur aus der Patsche helfen wollen, sagte die Eminenz, denn wenn ein so naher Verwandter eines Kardinals die Pleite riskiere, so hätte das schlimme Folgen haben können für den Ruf des Geistlichen und der gesamten Kirche.

Niemals, so der Kardinal weiter, habe er sich vorgestellt, daß der Bruder ein Wucherer sei. »Haben Sie denn nie mehr über das geliehene Geld gesprochen?« fragte ihn Russo. »Nein«, behauptete Michele Giordano. »Er tat entweder so, als wisse er von nichts, oder aber er schwieg.« Und um den letzten Zweifel auszuräumen, fügte er hinzu: »Alles, was ich habe, gebe ich weg, denn wenn ich sterbe, kann ich sowieso nichts mitnehmen. Also ist es besser, den Koffer nicht zu voll zu packen.« Auch das war ein dankbarer Hinweis für die Lottospieler: Spenden 28, plötzlicher Tod 67, leerer Koffer 5. Im Vatikan hatten sie auch Verständnis für diese Position, denn sie halfen dem in Bedrängnis geratenen Geistlichen mit Geld aus dem gut gefüllten Kirchenkoffer: Insgesamt vierhunderttausend Mark, so gestand der Kardinal dem Staatsanwalt, habe er für seinen Bruder von der Vatikanbank IOR geliehen.

Der Prozeß dauert Jahre, weil er Jahre dauern muß. Der Kardinal weigert sich nämlich, zurückzutreten, wie es sein Amtsbruder Salvatore Cassisa aus dem sizilianischen Monreale tat, dem die Justiz mafiose Betrügereien vorwarf. Der Vatikan legte dem Mitbruder den Abschied aus Altersgründen nah – Cassisa gab nach, Giordano aber bleibt hartnäckig. Er ist erst siebzig, das ist für einen Kardinal noch kein Alter. Also wird die Arbeit der Juristen von interessierter Seite endlos in die Länge gezogen, das ist bei dem auch sonst üblichen Schneckentempo in Italien sowieso kein Problem. Erst einmal stellt man Versetzungsanträge für alle beteiligten Schnüffler, und wenn die ersten erfolgreich sind, mischen sich die politischen Parteien ein, um den Protagonisten abzusägen. So versucht eine katholische Kleinstpartei namens CCD, dem Staatsanwalt Russo seinen aufregendsten Fall abzunehmen, »einem Prokurator, dem es gefällt, sich als Kommunisten zu bezeichnen«. Doch der Ermittler darf bleiben, und die Neapolitaner zahlen immer weniger Kirchensteuern. Das Institut zur Erhaltung des Klerus sieht aber keinen Zusammenhang mit dem Skandal.

Der Kirchenfürst mit dem Barockgesicht tut alles, um das Gerede um ihn verstummen zu lassen. Als es einmal nicht um Gennaro, sondern um Giovanni, den heiligen Johannes, geht, legt Giordano sich gar mit der Camorra an. Er läßt die fünfhundert Jahre alte Statue des Heiligen in San Giovanni a Teduccio unter Polizeischutz stellen, während die Camorra den Johannes regelrecht belagert. Die Mafiosi wollen, daß die Statue mit einer schwarzen Trauerbinde am Arm durch die Prozession getragen wird. Die Binde trägt Johannes, seitdem zwei Männer eines Clans im Kampf um die Heroinpfründe erschossen wurden. Tag und Nacht klagen die Frauen des Clans vor der Kirchentür, doch der Kardinal bleibt hart: Die Prozession findet statt, ohne Binde, dafür mit der Polizei.

Den Neapolitanern ist ihr Kardinal mittlerweile ein wenig suspekt, andererseits ist er nun wirklich einer von ihnen – es gibt schließlich genug anständige Menschen, die von einem nichtsnutzigen Bruder ins Unglück gestürzt werden. Gennaro scheint das nicht anders zu sehen. Seitdem die Staatsanwälte Seine Eminenz verfolgen wie damals die heidnischen Römer den Heiligen, wird der Schutzpatron Neapels immer schneller. Zuletzt war er schon vor der Prozession flüssig. »Ein Sprintwunder«, staunte *Il Mattino,* und Neapel spielte Lotto: Das Blut 18, das Mirakel 66 und San Gennaro 19.

Kreuzzug für die Pizza

Wie Römer, Amerikaner und EU-Bürokraten Kulturgut verschandeln

In Amerika, so wird erzählt, halten sie die Pizza tatsächlich für ihre eigene Erfindung. Und das ist noch nicht einmal verkehrt, denn was in den USA in Pizzerien und Fast-food-Ketten als Pizza verkauft wird, hat mit dem Original soviel zu tun wie der Dackel mit dem Wolf. Vor ein paar Jahren hat ein amerikanischer Präsident zum ersten Mal eine neapolitanische Pizzeria besucht, ein ebenso typisches wie enges Loch an der Via dei Tribunali. Das Foto kam in die Weltpresse, doch niemand erfuhr, wie enttäuscht der *pizzaiolo* war vom mächtigsten Mann der Welt: Bill Clinton war die ihm angebotene Napoletana viel zu karg vorgekommen, und er hatte gefragt, ob man nicht noch etwas drauflegen könne: Paprika, Salami und, warum nicht, auch noch ein paar Pilze – genau wie in Amerika.

Für die Geschichte verbürgen sich enge Freunde von Clintons Pizzabäcker; er selbst erzählt sie nicht so gern, denn die Fotos des Präsidenten hängen noch immer in seiner Bude. Weil die Neapolitaner neugierig sind, Amerikaner mögen und sich überhaupt allen Fremden gegenüber verpflichtet fühlen, gehen sie gern dort essen, wo der Präsident seine Pizza verzehrt hat. Clinton versteht zwar nichts von Pizza, aber als Reklamefigur ist er am Decumano Maggiore vermutlich nur noch vom Papst zu übertreffen. Der aber mag keine Pizza, sondern begnügt sich auch im Vatikan mit polnischer Hausmannskost, zubereitet von den Nonnen aus seiner Heimat.

Der Papst lebt in Rom, und dort sagen sie verächtlich *è una pizza,* wenn sie ausdrücken wollen, daß etwas langweilig, ja störend ist. Die römische Pizza ist ein Abklatsch des neapolitanischen Originals, ihr Teig ist so dünn, daß man den Teller darunter ahnen kann, er matscht unweigerlich nach fünf Minuten durch, dann vermengt sich die Tomatensauce darauf mit dem schwarzen Pizzaboden, und die ganze Pizza schmeckt nach Holzkohle. Das ist Rom, wo sie längst Pizza mit Speck oder Kartoffeln verkaufen, Pizza mit Nutella oder Pizza mit Bresaola und Rucola, so wie sie vermutlich auch ihre eigene Großmutter verkaufen würden und die Fontana di Trevi – der legendäre neapolitanische Komiker Totò hat das schon richtig erkannt. Richtige Römer mögen keine echte Pizza, sie rümpfen tatsächlich die Nase über das einfachste und edelste Gericht der neapolitanischen Küche, sie meinen, auch das könnten sie noch besser, und es ist unnachahmlich, wie römische Damen in der Pizzeria befehlen: »Mi raccomando la Pizza. Sottile, sottile.« (»Passen Sie auf mit der Pizza. Bitte ganz, ganz dünn.«) Sie haben keine Ahnung, genau wie die in Brüssel.

Vor ein paar Jahren wollte die EU-Kommission eine Richtlinie erlassen, eine Norm für die

Pizza. 28 Zentimeter Durchmesser, 200 Gramm schwer, der Rand nicht höher als 15 Millimeter. Eine Art DIN für Tiefkühlpizza, so viel war eigentlich klar, aber in Neapel fanden sie die Sache nicht lustig. Die Pizzabäcker probten den Aufstand, die Zeitungen liefen mit Protestschreiben über, und aus Brüssel kam ein halbes Dementi: »War nicht so gemeint, ihr könnt weiterbacken.« Bis zur nächsten Norm. Jetzt wollen sie nämlich dem Holzofen an den Kragen, zu unhygienisch, womöglich krebserregend, was man sich eben als Brüssel-Bürokrat so einfallen lassen kann an einem verregneten Tag mit einem von Pommes frites beschwerten Magen.

Ganz Europa wird vielleicht eines Tages die Brüsseler Normpizza essen, nur die Neapolitaner nicht. Um ihr angestammtes Kulturerbe und ihren Berufszweig zu schützen, haben sich die *pizzaioli* zu einem mächtigen Verband zusammengefunden, der »Associazione Vera Pizza Napoletana«. Ihr Symbol ist ein *pulcinella* mit einem Pizzabrett, wie es für den Holzofen benötigt wird. Im Hintergrund raucht der Vesuv, es ist das Emblem für einen Kreuzzug.

Seit der Gründung 1984 tragen viele Pizzerien in Neapel und neuerdings auch in anderen Städten das Vereinssymbol neben dem Wirtshausschild, versehen mit einer Nummer. Die Nummer 1 befindet sich neben der Kirche Santa Brigida unweit der Via Toledo: Hier residiert Ciro a Santa Brigida, eines der renommiertesten Lokale der Stadt. Der Besitzer Antonio Pace hat sich zum Wortführer der Pizzabäcker aufgeschwungen, und jedesmal, wenn in Brüssel eine neue Absurdität erfunden wird, ist Pace für einen Kommentar gut. »Das fehlt noch, daß die Nordlichter uns erzählen, wie man richtig Pizza bäckt«, sagt Pace dann, und: »Pizzabacken ist eine Kunst und keine Frage von Millimetern.« Pizzabacken ist darüber hinaus auch ein nicht unbedeutender Wirtschaftszweig in Italien und in Neapel erst recht.

Die Zahl der Pizzerien ist unübersehbar, wenn man auch noch die vielen Straßenverkaufsstände hinzurechnet, in denen immer noch für eine Mark eine runde Pizza verkauft wird. Längst hat sich auch in Neapel die Überzeugung durchgesetzt, daß man ein mit gewissen Garantien ausgestattetes Nahrungsmittel weitaus besser verkaufen kann als industrielle Massenware, zumal, wenn es sich um ein derart mythisches Gericht handelt wie die Pizza.

Um ihre Erfindung ranken sich natürlich Legenden. Sie soll von römischen Legionären in Palästina gemacht worden sein, wird erzählt, oder von den alten Ägyptern. In Wirklichkeit handelte es sich bei diesen Pizzen wohl eher um Fladenbrote, die mit Kräutern und Öl eingepinselt wurden. »Sicherlich haben alle armen Völker auf der Welt ihre eigenen Varianten von Teigwaren aus Wasser und Mehl, wie die mexikanischen Tortillas oder die indischen Chiapati beweisen«, schreibt der neapolitanische Adlige Egano Lambertini in einem Traktat über die Küche seiner Heimatstadt. »Doch benötigten all diese brotähnlichen Erzeugnisse Saucen und Beilagen nach dem Backen. Die wahre Erfindungstat der Neapolitaner bestand darin, daß sie sämtliche Zutaten schon mit in den Ofen schoben, und diese sich während des Backens zu einem unvergleichlichen Geschmack homogenisierten.«

Das geschah nicht vor dem Ende des 18. Jahrhunderts, als in Neapel die ersten Tomaten eintrafen. Lange Zeit aß man trotzdem die Pizza auch ohne den Saft der exotischen Gewächse. Ferdinand II. liebte außer den *maccheroni* und der *caponata* (eingeweichtes Brot mit Öl, Knoblauch und Oregano) die Pizza so sehr, daß er in seinem Schloß auf Capodimonte einen Pizzaofen bauen ließ. Als der Franzose Alexandre Dumas 1837 nach Neapel reiste, existierte schon *la pizza oggi a otto,* also die Arme-Leute-Pizza, die man erst in der darauffolgenden Woche bezahlen mußte. Dumas, der selbst keine Pizza, sondern nur Muschelsuppe mochte, mutmaßte hinter dem mysteriösen Namen einen speziellen Teig, der acht Tage lang ruhen mußte.

Noch ein Menschenalter sollte verstreichen, bis die Stunde des Pizzabäckers Raffaele Esposito schlug. Esposito hatte den Auftrag, König Umberto I. von Savoyen während seines Aufenthalts in Neapel eine Pizza zu liefern, und er erfand eine Kreation in den Nationalfarben rot, weiß, grün mit Tomaten, Mozzarella und Basilikum, die er zu Ehren der Königin Pizza Margherita nannte. Es wurde dann die berühmteste Pizza der Welt. Espositos Nachfahren, die Brandi, betreiben noch heute ihre Pizzeria in einer Seitenstraße der Via Chaia, es ist nicht die älteste Pizzeria Neapels und auch nicht die beste, aber mit Sicherheit die bekannteste.

Wenn das kein Kulturgut ist! Antonio Pace und seine Mitstreiter haben durchgesetzt, daß an der Universität Neapel ein Regelkatalog für echte Pizza erarbeitet wurde. Danach gehören zum Teig einer echten Pizza ausschließlich die Zutaten Mehl, Hefe und Wasser. Der Teig muß mit den Händen (oder mit einem vom Verband ausgesuchten Mixer) geknetet und ausgezogen werden. Keinesfalls ist dabei ein Nudelholz zu verwenden. Die Pizza wird dann im Holzofen gebacken, und zwar auf dessen nacktem Boden, der aus vulkanischem Stein zu sein hat. Zugelassen sind nur vier Sorten von Pizza: Die Marinara oder Napoletana mit Tomaten, Olivenöl, Oregano und Knoblauch, die Margherita, die Calzone mit Ricotta, Mozzarella aus Kuhmilch, Olivenöl und Salami und die Formaggio e Pomodoro mit Tomaten, Olivenöl und Parmesan. Basilikum darf immer hinzugefügt werden, bei allen anderen Beilagen ist die Verbandsführung um Rat zu fragen.

»Die Pizza Napoletana hat keine Erfinder, sie hat keine Väter und keine Herren«, hat Pace ins Verbandsstatut geschrieben, »sondern sie ist Frucht der Genialität des neapolitanischen Volkes«. Wer mag da widersprechen? Bill Clinton und die in Brüssel sollen es sich hinter die Ohren schreiben!

Kein Aufstieg ohne Maradona

Der SSC Neapel kann sein größtes Idol nicht vergessen

Nach 785 Tagen wußte Stefan Schwoch, was er zu tun hatte. An drei Gegenspielern der Pistoiese vorbeiziehen, sich cool die Ecke aussuchen, und scharf nach rechts zielen: Tor. Das Tor. Der Treffer, der fünftausend *tifosi* in Freudentaumel versetzte. So viele waren aus Neapel mit Bussen in das sechshundert Kilometer entfernte Pistoia gekommen, um den Triumph ihrer Mannschaft mitzuerleben. Sie liefen aufs Feld, umarmten die Spieler, die Partie in dem 13.000-Plätze-Stadion mußte unterbrochen werden. Als endlich der Schlußpfiff folgte, schlug die Stunde der Reliquienjäger: Im Handumdrehen zerlegten sie das Tor, das Schwochs historischen Treffer gesehen hatte, in transportfähige Einzelteile. Man will schließlich den Lieben daheim ein kleines Souvenir mitbringen – aus Pistoia, wo war das noch?, Vorort von Florenz, können wir vergessen, *amici!* Napoli ist aufgestiegen, in die Serie A! Das heißt Juventus statt Treviso, Lazio statt Cesena. Daheim zelebrierten sie ein Jubelfest, als hätten sie gerade die Meisterschaft gewonnen: Vespacorso am Lungomare Caracciolo, rituelle Jubelbäder in allen Brunnen der Altstadt. Linienbusse wurden gekapert und wie Triumphwagen durch die Stadt gefahren, sogar die Pestsäule vor San Domenico Maggiore wurde von einer Brigade unerschrockener Fahnenschwenker erklommen, und *Il Mattino* sang dazu: »Oj vita, oj vita mia!« »O Leben, o mein Leben.«

Ist ja kaum übertrieben, war doch das Leiden in 785 Tagen Zweitklassigkeit mindestens so groß wie die Freude über den Aufstieg. Der SSC Neapel, der Verein Maradonas, Italienmeister 1987 und 1990 mit Millionen *tifosi*, abgestiegen in die Serie B – das hatte die Neapolitaner ins Mark getroffen.

Zum traurigen Saisonabschluß nach dem ersten Jahr in der Zweiten Liga fanden sich 19, in Worten: neunzehn zahlende Zuschauer im Stadio San Paolo ein. Als es um den Aufstieg ging, kamen gegen Brescia endlich wieder 75.000.

Der Verein kassierte zwar 35 Millionen Mark im Jahr für die Übertragungsrechte vom Abo-Fernsehen Tele+, doch die *tifosi* sahen sich lieber auf dem Lokalsender Teleoggi die immergrünen Kunststückchen des Diego Armando Maradona an. Stefan Schwoch ist ein ordentlicher Fußballer, 22 Tore hat er in einer Saison gemacht – aber ein Mythos? Dem steht ja schon sein Name entgegen. Schwoch kommt aus Bozen, in Neapel nennen sie ihn Stefano Swock.

»Ich bitte Sie«, sagt der Zigarettenhändler Antonio. »Schwoch und Maradona. Das kann man doch nicht vergleichen.« In der Höllenzeit der Zweiten Liga verließ Antonio seinen kleinen Tisch mit geschmuggelten Zigaretten in einer Ecke der Quartieri Spagnoli noch nicht einmal sonntags. Dabei ging er früher so selbstverständlich ins Stadion San Paolo wie zur Messe, doch nach 15 langen Jahren hatte er seine Dauerkarte nicht erneuert. »Das war ja keine Mannschaft mehr«, murmelt er verächtlich, »das war ein müder Haufen.«

Aus besseren Zeiten war Antonio nur eine Reliquie geblieben, die er immer in der Jackentasche trägt. Es ist eine Fotografie, einem der Heiligenbildchen ähnlich, mit dem Neapels Bettler eine milde Gabe vergelten. Es ist *sein* Bildnis. Diego Armando Maradona, die Arme zum Triumphschrei hochgerissen. »Ein Gott«, sagt Antonio, und seine Augen glänzen.

Ein Gott, wie gemacht für Neapel, einer, der neben dem Paradies auch die Hölle kennt. Ein Fußballgenie, so maßlos wie die Stadt. Maradona hatte in Neapel alle Höhen und Tiefen ausgekostet – sportliche Triumphe und Heiligenverehrung, Reichtum und Drogen. Frauengeschichten: einer Liebschaft entsprang Diego junior, geboren 1986, nach vielen Jahren zähen gerichtlichen Tauziehens zähneknirschend von dem Argentinier anerkannt. Da hatte die Welt schon das Foto gesehen, das Diego Armando Maradona in der muschelförmigen Badewanne von Carmine Giuliano zeigte, Seite an Seite mit dem Camorra-Boss aus Forcella.

Ausschweifende Jahre waren das, Maradona stand auf dem Höhepunkt seiner Karriere, er verzauberte Neapel, denn niemand konnte so spielen wie er. »Maradona«, sagt noch heute der frühere Milan-Meistertrainer Arrigo Sacchi, ein Mann, der den italienischen Fußball revolutioniert hat, »ist der einzige Spieler der Geschichte, der ohne Mannschaft auskommen würde.« Der Intellektuellen-Fanclub »Te Diegum« huldigt dem Meister im Internet sogar auf lateinisch.

Ein Jahrhunderttalent, vielleicht der beste Spieler aller Zeiten. Maradona sank sehr tief. Er flog raus beim SSC Neapel, nachdem eine Dopingprobe ergeben hatte, daß er vor einem Ligaspiel Kokain genommen hatte. Das war 1991, sieben Jahre später kam er zum ersten Mal wieder nach Italien. Er machte Station in Turin, beim Dopingermittler Raffaele Guariniello, und in Rom, bei der Lottoshow des italienischen Fernsehdenkmals Raffaella Carrà. Letzteres brachte ihm zweihundert Millionen Lire ein, gut zweihunderttausend Mark, was für einen pensionierten Fußballgott vermutlich nicht zu verachten war.

Dafür bekam Italien einen typischen Maradona-Auftritt zu sehen, ein wenig schmierig, sehr pathetisch und mitleiderregend lächerlich. Maradona, sehr rund um die Hüften, mit grauem Anzug und Goldrandbrille, schwitzte im Scheinwerferlicht so sehr, daß er mit gepreßter Stimme nach Kleenex und einem Glas Wasser verlangte. Dann hörte er per Direktschaltung seine Fans in Napoli und weinte heiße Tränen. »Ihr habt mir gefehlt, ganz Italien hat mir gefehlt«, stammelte er. Das reichte, um die Piazza del Plebiscito in ein Fußballstadion zu verwandeln.

Heulende *tifosi*, ein Meer von Fahnen und Kinder, die in der kalten Winternacht angesichts ihres Idols auf der Riesenleinwand Rosensträuße schwenkten. Drinnen, im Fernsehstudio, mußte sich Maradona Fragen anhören wie »Was willst du werden, wenn du groß bist?« oder »Ist es schwierig, deine Frau zu sein?« und durfte nach einem tränenreichen Wiedersehen mit seinen Klubkameraden vom alten SSC Neapel ein bißchen Fußball spielen. Ein Schuß des *pibe de oro*, des Goldjungen, erwischte eine Saalkamera: Maradona war in jeder Beziehung außer Form.

Neapel will ihn trotzdem nicht vergessen. Als der Zusammenbruch im Januar 2000 kam, als sein Herz fast ganz ausgesetzt hätte, eilte Klubpräsident Corrado Ferlaino nach Uruguay. Sie ließen ihn nicht ans Krankenbett des *pibe de oro* in der Prominentenklinik von Punta del Este. Maradona lag auf der Intensivstation – in letzter Minute gerettet nach übermäßigem Kokainkonsum. Doch auch am anderen Ende der Welt ließ ihn Neapel nicht los. »Ich habe ihn nicht sehen dürfen, aber ich sprach mit seiner Frau Claudia«, erklärte mit bewegter Stimme Präsident Ferlaino. »Diego geht es den Umständen entsprechend. Hoffen wir das Beste – für ihn und den Fußball.«

Er ging durch die Hölle, genau wie sein alter Verein. Die Anschrift des SSC Neapel blieb auch in den dunklen B-Liga-Zeiten: Via del Paradiso. Bittere Ironie des Fußballs. Auf dem Vereinsgelände mit dem weiten Blick über den Golf und den Vesuv aber fand sich kein einziger Fan mehr ein, um seiner Mannschaft beim Training zuzuschauen. »Unten in der Stadt hassen sie uns«, sagte eine Angestellte des Klubs. Dem einstmals vitalsten und atemberaubendsten Verein des Südens schlug das Schweigen seiner *tifosi* entgegen. Es war, als fühlte sich jeder durch den Abstieg persönlich beleidigt. In Neapel ist die Liebe zum Leiden bereit – aber sie verzeiht nicht alles.

»Wir sind einfach nicht für die B-Liga gemacht«, klagte Saverio Passeretti von der »Associazione Internazionale Napoli Club«, einer der letzten, treuen Besucher des Campo Paradiso. Rund 350 Fanclubs von London bis Caracas betreut der Dachverband in Neapel, und der Frust unter den vierzigtausend Mitgliedern saß tief. »Noch eine Saison«, fürchtete Passeretti, »werden wir nicht durchhalten.« Selbst die *bagarini,* Neapels berüchtigte Schwarzmarktverkäufer, waren vor das Mailänder Meazza-Stadion abgewandert.

Dann kam der Frühling, Maradona erholte sich in einer Klinik in Kuba und Napoli gewann mit dem neuen Trainer Walter Novellino Punkt um Punkt. Beim Schicksalsspiel gegen den Mitkonkurrenten Brescia war endlich wieder ein Maradona im Stadion von Fuorigrotta: Diego junior saß als Maskottchen auf der Tribüne und hörte, wie das restlos ausverkaufte Stadion seinen Namen sang. Ma-ra-do-na, Ma-ra-do-na. Es klang wie eine Geisterbeschwörung.

Maradona senior weilte unterdessen in München, beim Abschiedsspiel für Lothar Matthäus. Der Dicke aus Argentinien klaute dem ewig aktiven, gleichaltrigen Deutschen die Show. Maradona hielt eine Halbzeit durch, dann ging ihm die Puste aus, aber die Leute bestaunten ihn, als hätten sie eine Wiederauferstehung erlebt. *Il Mattino* hatte selbstredend einen Korrespondenten nach München geschickt, um bei dem Wunder vor Ort zu sein.

Der Göttliche gab dann ein mit Kraftausdrücken gewürztes Interview, in dem er einerseits die Klubleitung des SSC Neapel verfluchte, sich andererseits aber für eine Neuanstellung empfahl. »Alle wissen, welche Arschlöcher mich aus Neapel verjagt haben. Ich hoffe, daß jetzt die Zeit für deren Abgang gekommen ist. Ich kann es kaum erwarten, nach Neapel zurückzukehren. Eine feste Stelle brauche ich nicht, ein Job als Ratgeber würde mir genügen.«

Alle wußten, wem Maradonas Verwünschungen galten: Präsident Corrado Ferlaino. »Er hat Napoli langsam sterben lassen«, sagt ein Journalist, der täglich zum Campo Paradiso pilgert. »Ferlaino hat zugesehen, wie sich das Genie Maradona mit Kokain zerstörte, und er hat die großen Spieler verkauft, bis vom SSC Neapel nichts mehr übrigblieb« – nur ein Berg Schulden, gut fünfzig Millionen Mark.

Maradona haßt Ferlaino, und er ahnt, daß dessen Besuch am Krankenbett in Uruguay nur eine Geste der Publicity gewesen war. Dabei sind sie beide aus ähnlichem Holz geschnitzt, der Fußballspieler und der *ingegnere*. Von Ferlaino, der sich in seiner Jugend als Autorennfahrer, Kinoproduzent und Flugpilot austobte, um schließlich als Bauunternehmer reich zu werden, erzählt man sich, daß er in seiner Wohnung die Zimmerdecken entfernen und durch Kristallglasscheiben ersetzen ließ: Er wollte einen freien Blick auf den Himmel.

Drei Jahrzehnte lang hielt Ferlaino den Verein in seinen Händen, den er einst der Witwe seines Vorgängers Corcione abgeschwatzt hatte. Er balancierte dabei immer zwischen Größenwahn und Supercrash mit gut gepflegten Verbindungen zum Camorra-Clan Giuliano. Am Ende konnte er seinen Bankrott nur abwenden, indem er fünfzig Prozent des SSC Neapel für hundert Millionen Mark an den norditalienischen Unternehmer Giorgio Corbelli verscherbelte. Corbelli betreibt »Telemarket«. Der Sender verkauft 24 Stunden am Tag Teppiche und Juwelen im Fernsehen. Das hat Corbelli steinreich gemacht, aber von Fußball hat er keine Ahnung. Sonntag für Sonntag sitzt er jetzt neben Ferlaino auf der VIP-Tribüne und hört geduldig zu, wie sein halbseidener Kompagnon Napolis rosige Zukunft entwirft.

Roberto Baggio müsse her, schwärmt Ferlaino schon, Gianfranco Zola von Chelsea oder doch wenigstens Alvaro Recoba von Inter Mailand. Neapel hat derzeit einen Umsatz von achtzig Millionen Mark, aber der Präsident will mit den ganz Großen konkurrieren. »Corbelli hat weder Fiat wie Agnelli noch die Fininvest wie Berlusconi«, sagt er über seinen Geldgeber, »aber die zweihundert, dreihundert Millionen Umsatz von Juventus und dem AC Mailand werden wir auch noch schaffen.« Notfalls, kündigt Ferlaino an, »würde ich mit dem Teufel ins Bett gehen.« Das glauben ihm alle, Neapel, der Campo Paradiso und Diego Armando Maradona.

Beruf: Neapolitaner

Sophia Loren, Bellavista und die anderen

Ein Denkmal würden sie ihr schon setzen, aber wählen, das darf sie nun nicht mehr. Ein Dekret der Regierung in Rom hat Sophia Loren aus dem Wählerverzeichnis der Stadt Pozzuoli gefegt, da stand sie tatsächlich noch unter ihrem Geburtsnamen Sofia Scicolone. Die weltberühmte Diva flog als eine von zweihundert Karteileichen heraus, denn die Operation stand unter dem Motto »saubere Listen«. Außer der Loren, die seit Jahrzehnten in der Schweiz und in den USA lebt, standen in Pozzuoli auch viele Tote im Verzeichnis, und wie das in Süditalien so ist: Die Toten wählten bislang immer irgendwie mit. Die Loren wählt schon ewig nicht mehr, sie hält nicht viel von staatsbürgerlichen Pflichten, nachdem sie 1982 den gewiß nicht angenehmen Frauenkerker von Caserta von innen kennenlernen mußte. Man hatte sie vor die Alternative gestellt, ihre Steuerschulden abzubüßen oder nie wieder einen Fuß nach Italien zu setzen. Letzteres wollte Sophia sich nicht antun. Also ging sie in den Knast, 17 Tage lang, obwohl doch jeder Neapolitaner weiß, daß diese Zahl Unglück bringt.

Und daß sie Neapolitanerin ist, kramt die Loren bei jeder Gelegenheit hervor. Es ist zweifellos das Geheimnis ihres Erfolgs. Mit den Jahren hat sich dieses Image ein wenig verselbständigt. Sophia weilt jetzt nur noch selten in Italien, zuletzt war sie im Februar 1985 in Pozzuoli, für genau 14 Stunden. Wenn sie nun kommt, dann steigt sie in Rom an der Via Nomentana ab, wo ihre Schwester Maria und deren schrille Tochter Alessandra Mussolini wohnen. Alessandra wollte zunächst in die Fußstapfen ihrer legendären Tante Sophia treten und drehte mehrere Filme – mit bescheidenem Erfolg.

Der stellte sich ein, als sie stattdessen ihrem Opa Benito in die Politik folgte, natürlich in den Reihen der Neofaschisten, die sich später zu Rechtsnationalen läuterten. Fast hätte die *nipotissima* (etwa: Superenkelin) es zur Bürgermeisterin von Neapel geschafft, sie landete immerhin als Abgeordnete im Parlament, wo sie mit beachtlichem Einsatz ihren Landsleuten klar zu machen versucht, daß der Faschismus in erster Linie eine Familienangelegenheit war. That's Italy. *Zia* Sophia war ein wenig verschnupft, weil sie in Amerika immer wieder danach gefragt wurde. Sie sagte aber nichts, als Alessandra tobte, ihre Tante aus dem Wählerverzeichnis zu streichen, obwohl doch jeder wisse, daß sie noch lebe, sei staatlich betriebene Euthanasie.

Aber so ist es nun mal, Familie bleibt Familie. Sophia findet nichts dabei, sich mit Schwester, Nichte und den beiden Großnichten für die Regenbogenpresse ablichten zu lassen. Erstens ist es nicht ihr Problem, daß die Schwester einen Sohn des Duce geheiratet hatte, zweitens ist das in Italien überhaupt nicht ehrenrührig, im Ge-

genteil. Und in Neapel schon gar nicht. »Ich bin«, hat sie das Thema ein für allemal abgeschlossen, »für die Politik nicht geboren. Sie scheint mir eine uneinnehmbare Festung zu sein.«

Dann schon lieber die Küche. Die Loren wird es nicht müde, sich mit einer Schürze um die noch immer wohlgeformten Hüften ablichten zu lassen, ihr Kochbuch wurde in den USA ein Renner. Sophia, von deren nun schon großmütterlichem Busen die italienischen Reporter brav weiterschwärmen, hat stets großen Wert darauf gelegt, nicht nur als Schauspielerin Vorbild zu sein, sondern auch als treu sorgende Gattin und als besorgte *mamma*. Das hat ihr in ihrem Heimatland einen Erfolg garantiert, hinter dem sich alle anderen verstecken müssen. Ihre Biographie bietet alles, womit sich das Publikum identifizieren möchte: Aufstieg eines Mädchens, das 1934 in einem Armenviertel in Pozzuoli geboren wurde, zum Hollywoodstar; Schönheit, Intelligenz, Talent; die Emigration für die Karriere. Sie haben es ihr nicht immer leicht gemacht, denn Italien war sehr bigott, und Sophia hat darauf immer gepfiffen.

Aber Napoli! Ohne Napoli geht es nicht. Bei aller Weltgewandtheit ist sie Neapolitanerin geblieben. Mehr noch: Berufsneapolitanerin. Das ist ein wenig anrührend, denn die einst strahlend schöne Diva ist nun im Klischee der Südländerin erstarrt. Ihren Landsleuten macht das überhaupt nichts aus. Sie verehren die Vergangenheit fast noch mehr als Sophia, und sie lassen kaum eine Gelegenheit aus, um die eigenen Klischees zu zelebrieren. Das Klischee ist nämlich immer sympathisch und im besten Fall auch gewinnträchtig.

Luciano De Crescenzo, in diesem Sinne Kollege der Loren, ist damit zu einem der reichsten Männer des Buchbetriebs geworden. Sein »Così parlò Bellavista« (»Also sprach Bellavista«) wurde ein internationaler Bestseller, seither liefert er ständig Neuauflagen mit wechselnden Titeln. Das Thema aber ist immer dasselbe: Neapel und seine pittoresken Menschen. De Crescenzo wohnt seit mehr als zwanzig Jahren in Rom, aber er wird immer gern von der Presse gefragt, wenn es um seine Heimatstadt geht. Warum den Gesprächspartner wechseln, wenn der zuverlässig Gemeinplätze liefert? Längst steht De Crescenzo neben dem genialen Komiker Totò und dem Volksdichter Edoardo de Filippo als Figur in den Weihnachtskrippen an der Via San Gregorio Armeno.

Ein weiterer Berufsneapolitaner fehlt noch: Marcello d'Orta. Der Grundschullehrer kam auf die Idee, die Weisheiten seiner Schüler in Bücher zu packen. »Io speriamo che me la cavo« (»In Afrika ist immer August«) stürmte die internationalen Bestsellerlisten, auch als der Maestro längst zugegeben hatte, daß der Kindermund keineswegs authentisch war. Er hatte, als guter Lehrer, eben ein bißchen nachgeholfen. Inzwischen lebt der Mann nicht mehr von der Schule aber natürlich noch von Neapel.

Es ist alles ein Geben und Nehmen, und vermutlich wird es sich dem Nichtneapolitaner nie erschließen, warum viele Neapolitaner sich so viel Mühe geben, ihren Klischees zu entsprechen. Gemeinplätze sind beruhigend, weil sie ein Kollektiv vorgeben, das in der Realität überhaupt niemals Bestand hat. Neapel ist längst ein mit Wäscheleinen, Verkehrschaos und heiteren Menschen besetzter Platz in unserer Vorstellung, und das Beruhigende ist: Die Neapolitaner sehen sich nicht viel anders.

Aber es gibt Grenzen, und Sophia, die Diva, hat sie unmißverständlich gezogen. Als sie der berühmtesten Tochter der Stadt 1990 in Pozzuoli ein Denkmal aus feinstem Marmor setzen wollten, weigerte sich die Loren etwas pikiert, das Ansinnen zu unterstützen. In Pozzuoli sind von ihr die Worte überliefert: »Ich habe überhaupt keine Lust, ein Monument zu werden.« Und das war von Signora Scicolone wirklich sehr kokett.

Helme im Visier

Die Einführung der Helmpflicht ist in Neapel ein Großereignis

Ein Frühlingstag wie aus dem Bilderbuch, Sonne, ein frisches Lüftchen auf dem Lungomare Caracciolo, in der Villa Comunale blühen die Bäume. Wenn nur die vielen Polizisten nicht wären. Alle hundert Meter eine Kontrolle, ganze Kasernen voller *carabinieri, vigili* und *poliziotti* schienen sich über Neapel ergossen zu haben. Moment: 30. März 2000. War da was? Und ob: Ein historisches Datum, es wird in die Geschichtsbücher eingehen unter »Einführung der Helmpflicht in Italien«. Untertitel: »Rebellion in Neapel, 2000 Strafzettel.«

Große Ereignisse werfen ihre Schatten voraus, und so hatten die Behörden nichts unversucht gelassen, um die Bürger möglichst schonend auf diesen bedeutenden Wendepunkt im Leben jedes einzelnen vorzubereiten. Politiker und Showstars ließen sich mit den verschiedensten Helmmodellen fotografieren.

Fabio Cannavaro, einer der Stars der italienischen Nationalelf, ging sogar noch weiter und verfaßte ein Mea Culpa auf der Titelseite der *Gazzetta dello Sport*. Es täte ihm zwar furchtbar leid, daß er seine langen Haare nie wieder im Fahrtwind flattern lassen dürfe, schrieb Mädchenschwarm Cannavaro: »Bislang bin ich immer oben ohne auf meiner Vespa gefahren und manchmal habe ich sogar damit angegeben.« Aber *pazienza,* Geduld, die wilden Zeiten seien jetzt vorbei. Fabio, der Reuige: »Wenn der Staat seine Bürger schützen muß, ist es richtig, daß er versucht, ihr Leben zu verlängern, indem er die Helmpflicht einführt.« Und am Ende dieser bemerkenswerten Logikschleife gab Cannavaro nochmal Vollgas: »Der Himmel über Neapel wird mit dem Helm noch blauer sein.« Überflüssig, darauf hinzuweisen, wo Don Fabio herkommt. Die *Gazzetta* aber, das müssen wir an dieser Stelle betonen, liest man vor allem in Mailand.

In Neapel wird *Il Mattino* gelesen, und das Traditionsblatt zählte Wochen lang den Countdown bis zum großen Tag. Meinungsumfragen wurden veröffentlicht (»21 Prozent finden ihn im Sommer überflüssig, 16 Prozent halten ihn für unmodern, bei 19 Prozent zerstört er die Frisur«), Leitartikel verfaßt (»Zuerst die Vernunft, dann das Gesetz«) und Warnungen nicht in den Wind geschrieben. Kaum war nämlich das seit Jahren anhängige Gesetz endlich in letzter Lesung verabschiedet, da hatte man in Forcella schon das große Geschäft gewittert. Die Friseure boten »Helmschnitte« zum Sonderpreis, die kleinen Werkstätten in Neapels berühmtem Markenfälscherviertel aber machten sich an die Produktion. Warum den Markt den Franzosen überlassen, die mit schicken Luxushelmen im Gegenwert zweier Sozialrenten die Moped fahrende Signora versorgen? Hier ging es um die

Masse, und die Masse brauchte Billigware. Innerhalb kürzester Zeit hatten die Straßenhändler an der Via Toledo und auf der Piazza Garibaldi sich umgestellt: Helme in allen Farben und Größen, für konkurrenzlose zwanzigtausend Lire, etwa zwanzig Mark.

Natürlich handelte es sich um echte Vollattrappen aus Pappe, für die der Volksmund sofort den treffenden Namen *scodella* fand, Suppenschüssel. Natürlich veranstaltete die Polizei spektakuläre Großrazzien in den einschlägig bekannten Fabriken. Und selbstverständlich gingen die Suppenschüsseln weg wie warme Semmeln. »Womit will uns die Staatsgewalt beeindrucken, mit der Drohung, wer ohne Helm vom Moped fällt, riskiert sein Leben?« wunderte sich der Komiker Giobbe. »Da können wir nur antworten: Wieso sollten gerade wir vom Moped fallen? Das passiert doch höchstens den anderen!«

Folgerichtig kam es am großen Tag, dem 30. März, zu ergreifenden Szenen. An der Via dei Tribunali stoppte die Polizei eine *mamma*, die auf ihrer Vespa die beiden Söhne zur Schule fahren wollte. Keines der drei Familienmitglieder auf dem Knattergefährt trug einen Helm. Unter einigem Protest zahlte die Signora die sechzig Mark Bußgeld, dann aber wollte sie weiterfahren: »Ich habe gezahlt, nun laßt mich in Ruhe. Wir kommen sonst zu spät.« Große Debatte, an deren Ende sich die Gesetzeshüter geschlagen gaben. Die unschuldigen *bambini* wurden im Polizeiauto mit Blaulicht zum Unterricht gefahren. Sicher ist sicher, und woher sollte *mamma* auf die Schnelle die Helme hernehmen?

In Fuorigrotta waren die Polizisten weniger gnädig, als ein nicht mehr ganz junges Gangsterpaar versuchte, sie über den Haufen zu fahren. Weil Silvio und Immacolata partout keinen Helm auf ihr ergrautes Haar setzen wollten, kamen sie am Ende gar in den Knast. Noch schlechter erging es zwei Chinesen, die barhäuptig erwischt wurden, auf einer gestohlenen Vespa, wie sich herausstellte, und ohne Aufenthaltsgenehmigung. Sie traten sofort die Heimreise an. Aber auch die Gesetzeskundigen machten keine *bella figura:* Gleich zwei Mal wurde ein stadtbekannter Rechtsanwalt zur Kasse gebeten, obwohl er beteuerte, er sei gerade auf dem Weg ins Helmgeschäft gewesen. *Tolleranza zero* eben, null Toleranz, genau wie es die Regierung angedroht hatte.

Doch Neapel wäre nicht Neapel, wenn nicht in einigen Vierteln höhere Gesetze gelten würden. In Sanità ließ sich kaum ein Ordnungshüter blicken. Dort hatten die Bosse der Camorra die Losung ausgegeben: »Helm ab oder es wird gefeuert.« Wer dort mit geschlossenem Visier herumfährt, hat nämlich selten Gutes im Sinn. Motorradhelme gelten als »Berufskleidung« von Dieben und Killern. Ein junger Mann, der vor einer Bar am San Camillo sein Moped abstellen wollte, bekam deshalb gleich Gesellschaft. Zu viert kamen sie auf ihn zu und forderten unmißverständlich: »Cumparie' "cca nun state bbuono. Ve n'avite jie. Po' cu' stu coso 'ncapa chi vi vede.« »Lieber Vetter, hier stehst du nicht gut. Parke mal lieber woanders. Und nimm den Helm ab: Man sieht ja sonst gar nicht, wer du bist.« Es ist eben wie im Mittelalter – Freund oder Feind erkennt man nur mit offenem Visier.

Die unsterbliche Macht der Beziehungen

Von der Selbstverständlichkeit des Todes

Neapel sehen und sterben. Ja – und was dann? Was soll schon sein. Es geht weiter, wie es geendet hat, als ein einziges, großes Lotteriespiel. »Wir haben endlich das gerechteste Verfahren gefunden«, sagte ein Sprecher der Stadtverwaltung, als die frei gewordenen Gräber auf dem Cimitero di Poggioreale zum ersten Mal im Losverfahren ausgegeben wurden. Gleiches Recht für alle, keine Vorrechte für die *soliti noti,* die üblichen, privilegierten Familien. Wer eine Niete zieht, muß weiter warten. Der Andrang war enorm, es kam zu Tumulten. Als einige Mitspieler der Totenlotterie meinten, die Preisverleihung gehe nicht mit rechten Dingen zu, mußte die Polizei einschreiten, dabei wurde die Verlosung gleich von zwei Notaren überwacht.

Die Gewinner zogen zwar zuversichtlich nach Hause, aber sie wissen natürlich, daß am Ende nichts sicher ist. Nur der Tod, aber nicht das Grab. Immer wieder hat es in der Friedhofsverwaltung schwarze Schafe gegeben, die Grabnischen gleich doppelt und dreifach verkauft haben. Poggioreale war lange Zeit sozusagen planmäßig »overbooked«. Es kam dann zu makabren Szenen, etwa, wenn sich ein Trauerzug zum reservierten Grab bewegte, um dort festzustellen, daß der für den verstorbenen Angehörigen reservierte Platz bereits belegt war. Die Kunst des Sicharrangierens wird den Neapolitanern eben nicht nur zu Lebzeiten abverlangt. *Pazienza,* da muß man notfalls im Kühlfach warten, bis man an der Reihe ist.

Über die besondere, noch heute barock anmutende Beziehung der Neapolitaner zum Tod ist viel geschrieben worden. »Jeder Neapolitaner schläft mit seiner Frau und mit dem Tod«, schrieb Giuseppe Marotta 1947. »Nirgends ist der Tod so sehr zu Hause wie zwischen Vesuv und Meer.« Das mag an der Omnipräsenz des Vesuvs liegen, der das jähe Ende allgegenwärtig macht, an den großen Tragödien, die die Stadt bis in die Gegenwart erlitt: Pest, Cholera, Erdbeben, Camorra. Wo sich heute die Totenstadt von Poggioreale erhebt, waren früher Massengräber. Die Bourbonen errichteten den Cimitero delle 366 Fosse, den Friedhof der 366 Gräber. Bis 1865 wurde dort das Volk von Neapel begraben, jeden Tag im Jahr öffnete man eine andere Grube, um neue Tote unterzubringen. So gab es selbst für die Massengräber ein Ritual. Es scheint, als sei das Leben in Neapel intensiver als anderswo, und das Sterben selbstverständlicher.

Keineswegs ist der Tod aber der große Gleichmacher. Für die Bosse der Camorra ist das Ende noch einmal Gelegenheit zur letzten Machtdemonstration, so geschieht es, daß an einem beliebigen Tag der Straßenverkehr in der Altstadt zum Erliegen kommt und die Geschäfte zum Zeichen der Trauer schließen, weil die Schwiegermutter eines bekannten Paten gestorben ist. Mannshohe Lorbeer- und Chrysanthemenkränze werden dann auf offenen Wagen dem Sarg hinterhergefahren. Alles ist feierlich, aber nicht beklemmend, wozu auch der süditalienische Brauch beiträgt, den Verschiedenen mit donnerndem Applaus zu verabschieden, wenn er aus der Kirche getragen wird. Wenn man dem Tod seine Stille und Starre nimmt, stiehlt man ihm die Macht, denn laut ist nur das Leben.

Neapels Friedhöfe sind vielleicht deshalb selten Orte der Stille, selbst dann nicht, wenn sie so bizarr sind wie der Knochenfriedhof in der Kirche Santa Maria delle Anime in Purgatorio (die Madonna der Seelen im Fegefeuer), die vom Volksmund *'a chiesa d'e cape 'e morte,* die Kirche der Totenköpfe, genannt wird. Eine unscheinbare, enge Treppe führt ins Untergeschoß des barocken Gotteshauses. Dort befinden sich Dutzende menschlicher Knochenhaufen und Skelette, deren Verehrung der Papst in Rom längst verboten hat – aber die Neapolitaner ignorieren jede Beschränkung in Fragen des Glaubens und Aberglaubens. Eine junge Frau ist mit ihrer Schwester gekommen, sie besuchen Lucia. Von Lucia, der Legende nach eine Prinzessin, die kurz vor ihrer Hochzeit starb, ist wenig mehr als der Totenschädel geblieben, genau wie von dem *capitano,* einem anderen, mysteriösen Anwesenden in der makabren Sammlung. Lucia habe sie schon als Kind besucht, erklärt die Frau. »Als ich das erste Mal mit meiner Mutter kam, hatte ich schon Angst. Aber sie hat uns immer erhört, mir immer geholfen. Deshalb besuchen wir sie jeden Samstag.« Es berührt uns kalt, und wir fliehen nach oben, ins Sonnenlicht. Wie soll man sich das erklären?

Vielleicht ist es die Macht der Beziehungen, ohne die in dieser Stadt nichts funktioniert. Jeder Neapolitaner hat eine Vielzahl von Beziehungen, wo immer auf der Welt man einem erzählt, daß man nach Neapel fährt, wird man gefragt: »Wen kennst du denn da?« Das Beziehungsgeflecht ist, auch das eine neapolitanische Spezialität, niemals nur horizontal in einer bestimmten sozialen Schicht, sondern erfaßt immer vertikal alle, die zum Alltagsleben dazugehören. Man muß seinen Parkplatzwächter ebenso gut kennen wie die Gemüsefrau, sonst könnte einem der erste das Auto klauen und die zweite faule Auberginen verkaufen. Man geht zum Doktor, der mit dem Schwager in die Grundschule gegangen ist, um sicher zu gehen, daß man gut betreut wird. Der Doktor will sich nie bezahlen lassen, was nicht unbedingt ein Vorteil ist, denn er erwartet mit Recht zu Weihnachten und nach der Geburt jedes neuen Kindes ein angemessenes Geschenk.

Der bizarr anmutende Totenkult der Neapolitaner ist nichts anderes als die Pflege der Beziehungen über den Tod hinaus. *Non si sa mai,* »man weiß eben nie«, ob nicht der Verstorbene noch ein gutes Wort für einen einlegen kann. Das Mindeste ist, daß er uns im Traum erscheint, um uns die richtigen Lottozahlen einzugeben. Weil aber die Beziehung auf Gegenseitigkeit beruht, tut man dem Verstorbenen seinerseits Gutes, indem man für seine Seele betet oder ihn regelmäßig besucht. Die Amtskirche hat immer wieder versucht, den Totenkult in geregelte Bahnen zu lenken. Nur wer vom Papst zumindest seliggesprochen wird, darf von den Gläubigen angerufen werden. Alles andere gilt als willkürlich, abergläubisch und unzulässig. Den Neapolitanern ist das vollkommen egal. Sie pflegen ihre Toten. Man weiß nie. Und sie machen sich gleichzeitig lustig über den Tod. Als Napoli 1987 die Fußballmeisterschaft gewann, prangte auf der Friedhofsmauer von Poggioreale eine geniale Botschaft an die Toten: »Ihr wißt ja nicht, was ihr verpaßt habt.«

Der letzte Camorrista

Raffaele Cutolo und seine Nachfolger

Immer seltener werden seine großen Auftritte, und die Bühne ist sowieso immer dieselbe: Das Gericht. Unter der goldgerahmten Kasettendecke im Verhandlungssaal des Castelcapuano kocht die Luft. Draußen brennt die Junisonne, und in der Gerichtsburg gibt es keine Klimaanlage. Solcher Komfort ist dem Neubau im Circolo Direzionale vorbehalten, der unweigerlich in Betrieb genommen wird, obwohl seine Männer versucht haben, das zu verhindern. Ein ganzes Hochhaus hatte die Camorra zum Beweis ihrer Macht in die Luft gesprengt.

Das ist zwanzig Jahre her. Es war seine Ära, die Ägide des Don Raffaele Cutolo, der jetzt im Käfig für besonders gefährliche Gefangene eingesperrt ist wie ein Tier, aber auftritt wie ein König. Sein im Gefängnis ergrautes Haar ist perfekt frisiert, kein Bartstoppel zu sehen, die feingeränderte, silberne Brille stammt von einem bekannten Designer, und selbstverständlich trägt Don Raffaele einen gut sitzenden, hellen Anzug. Er weiß, was er seinem Publikum schuldig ist, und umgekehrt gilt das natürlich auch.

Selbst die Richter erweisen ihm Reverenz, wie einem Feind, den man besiegt hat, aber dennoch achtet. Vor einer Stunde schon sollte die Verhandlung anfangen, jetzt unterbricht der Vorsitzende Enrico Valanzuolo das Gemurmel der Ungeduld im Saal: »Herrschaften, jetzt warten Sie doch bitte noch einen Moment, und lassen Sie Signor Cutolo in Ruhe seinen Kaffee trinken. Seine Frau ist gerade gekommen.«

Sie heißt Immacolata, die Unbefleckte, und ist gut zwei Jahrzehnte jünger als der gefallene Herrscher der neapolitanischen Unterwelt. Leise und unerkannt kam sie in den Saal, eine Espressotasse vor sich her tragend, als sei es eine Prozessionskerze. Langsam trat sie an den Käfig heran und reichte ihrem Mann den Kaffee durch die Gitterstäbe. Sie begrüßten einander, und dann setzte sich Immacolata still in die zweite Reihe. Ihre langen dunklen Locken fielen aufgelöst über eine weiße Bluse, im Gesicht hatte sie einen Ausdruck von unendlicher Sanftheit – die Madonna der *camorristi.* Wer sie ansprach, bekam ein Lächeln, aber kein einziges Wort.

Cutolo hatte die Tochter eines kleinen Bosses aus der Innenstadt im Gefängnis geheiratet. Für den »sozialen Aufstieg« Immacolatas zahlte ihre Familie einen entsetzlichen Blutzoll: Vater und Bruder wurden von feindlichen Banden ermordet, der jungen Frau selbst bleibt nur ein Leben in völliger Abgeschirmtheit auf dem schwer bewachten Anwesen der Cutolos in Ottaviano. Wenigstens ein Kind solle Immacolata haben dürfen, fleht Don Rafè seit Jahren die Behörden an. Für die ist der drängende Vaterwunsch des Paten eine delikate Angelegenheit, denn als einer der gefährlichsten Verbrecher Italiens ist Cutolo im Gefängnis von Belluno in Isolationshaft verschlossen.

Zwei Stunden im Monat darf er seine Frau sehen. Man solle sie beide doch endlich einmal alleinlassen, hat er gebeten und ließ sich sogar zu peinlichen Details herbei: Eine halbe Stunde würde vollends reichen. Mit dem Effekt, daß Politiker und Presse darüber diskutierten, ob man denn nicht ganz grundsätzlich Sex im Gefängnis zulassen sollte. Cutolo stand wieder einmal im Rampenlicht, sozusagen als prominenter Fall. Jeder in Neapel erinnert sich daran, wie Cutolo seinen einzigen Sohn begraben mußte. Auch Roberto war im Kugelhagel einer feindlichen *famiglia* gestorben.

Da war die Macht des Vaters schon gebrochen. Lange hatte der Landarbeitersohn Raffaele Cutolo aus Ottaviano, einem Nest vor den Hängen des Vesuvs, daran gearbeitet, sich Neapel zu unterwerfen. Sein Netz spann Cutolo wie schon die Camorra-Paten des 19. Jahrhunderts aus dem Gefängnis heraus. Mit 22 Jahren kam er zum ersten Mal hinter Gitter, weil er einen aufdringlichen Verehrer seiner Schwester Rosetta getötet hatte. Im »Hotel Poggioreale«, wie der damals vollends von den Mafiosi kontrollierte Camorra-Knast in Neapel spöttisch genannt wurde, bewies der junge Rafè genug Intelligenz und Skrupellosigkeit, um schnell zum Boß aufzusteigen, und seine Schwester blieb, bis sie 1993 nach Jahren im Untergrund verhaftet wurde, seine treue Adjutantin. Im Mai 2000 kehrte Rosetta nach Ottaviano zurück. Sie hatte ihre Strafe verbüßt, und sie sagte: »Der Name Cutolo muß vergessen werden. Nur das Schweigen kann mich und meine Familie schützen.«

Rosetta war »die Stickerin« mit Theologie-Diplom, Raffaele »der Professor«. So nannten sie ihn wegen seiner Brille und wegen seines eiskalten Charismas. In Heerscharen unterwarfen die jungen *camorristi* sich Cutolo. Seine »Nuova Camorra Organizzata« (NCO) schaffte die traditionelle Clanwirtschaft ab, in der jede Familie in ihrem Stadtviertel Tabakschmuggel und Prostitution kontrollierte. *O' professore* aber wollte mehr, eine Mafia-Organisation nach sizilianischem und amerikanischem Vorbild, ein kriminelles Großunternehmen. Seine straff organisierte NCO verdiente bald an allem, was in der Unterwelt Geld abwerfen kann: Schutzgelderpressung, Markenfälschung, vor allem aber Drogenhandel in großem Stil.

Gleichzeitig pflegte der Pate Kontakte in die legale Außenwelt: Politiker, Juristen, Unternehmer, die ihm nach dem Erdbeben im Jahre 1980 den entscheidenden Qualitätssprung verschafften. Cutolos Strohmänner sicherten sich die Aufträge für den Wiederaufbau, Hilfsmittel in der sagenhaften Höhe von siebzig Milliarden Mark versickerten in den nie geschlossenen Baugruben.

So groß war die Macht der NCO, daß sich die Feudalherren der »Democrazia Cristiana« nicht zu fein waren, Cutolo im Gefängnis aufzusuchen, auf daß er ein gutes Wort bei den Linksterroristen der Roten Brigaden einlege. Die »Brigate Rosse« hatten den christdemokratischen Regionalpolitiker Ciro Cirillo entführt und ließen ihn wieder laufen, weil ihnen der *professore* dringend dazu geraten hatte. »Ich befahl es ihnen«, erzählt der Zeuge Cutolo dem Vorsitzenden Richter Valanzuolo. »Und sie taten es, weil sie wußten, daß meine Leute andernfalls bei ihren Gefangenen ein Blutbad angerichtet hätten.«

Das war 1981, und an den Gefängnispforten Kampaniens wurde jeder Neuankömmling vom Direktor persönlich gefragt, zu welcher Camorra-Familie er denn gehöre. Cutolo ließ alle töten, die gegen ihn waren. Sein bevorzugter Killer Pasquale Barra riß im Gefängnis einem Rivalen das Herz aus der Brust und aß es auf. Sie nannten ihn *O' nimale*, das Tier –, er würde einer der ersten Gefolgsmänner sein, die gegen den einst blindlings verehrten Professor aussagten. Antonio Gava aber, einer der Bittsteller für den entführten Cirillo, wurde Italiens Innenminister. Noch später erhielt er wegen seiner Verbindungen zur Camorra saftige Gefängnisstrafen, die er aber wegen seiner Diabetes nicht absitzen mußte.

Doch auch das ist schon wieder Vergangenheit, genau wie die Prozesse gegen Gavas Parteifreund, Ciriaco De Mita, der bei der Vergabe der Wiederaufbauhilfe unter den Camorra-Firmen kräftig nachgeholfen haben soll. De Mita, einst immerhin Parteivorsitzender und auch schon mal Regierungschef, fiel zeitweise bei seiner Partei in Ungnade. Inzwischen hat sich die »Democrazia Cristiana« aufgelöst, und Don Ciriaco hat neue Freunde in Rom. Seine Tochter ist eine der begehrtesten Partygängerinnen der Hauptstadt, ein Neffe Sprecher des Fußball-Erstligisten Lazio Rom.

Cutolo aber sitzt immer noch im Gefängnis. Früher schrieb er Gedichte. Sein Lyrikband, in dem er sich selbst zum Robin Hood stilisierte, fand in Neapel reißenden Absatz. »Der Tag, an dem das Volk Kampaniens versteht, daß ein Krümel Brot in Freiheit mehr wert ist als ein Beefsteak der Sklaverei, wird ein Tag des Sieges sein«, heißt es darin, und »wir sind die Ritter der Camorra, wir sind Ehrenmänner, die schweigen können, aber wir sind auch Herren über Leben und Tod. Das Gesetz der Camorra ist hart, aber es verrät dich nicht.«

Die Todespropaganda fiel auf fruchtbaren Boden. Die angestammten Camorra-Familien verbündeten sich gegen Cutolo, und im Krieg der NCO gegen die *Nuova Famiglia* (Neue Familie) starben fast 1500 Menschen. Andere arbeiteten weiter an seinem Mythos. Der Liedermacher Fabrizio De André widmete ihm einen ironischen Song, der Regisseur und spätere Oscar-Preisträger Giuseppe Tornatore machte aus Cutolos Leben einen Kinofilm.

Cutolos größter Kontrahent Carmine Alfieri arbeitet mittlerweile mit der Justiz zusammen, weil er Angst um seine Kinder hatte. Die Polizei fand ihn nach Jahren im Untergrund unter der

Küche eines Gefolgsmanns: Ist das ein Leben für einen Paten? Cutolo weigert sich, den Kronzeugen zu spielen, hat aber aus dem Gefängnis die *camorristi* zum Aussteigen aufgefordert. Ausgerechnet er, der früher jeden »Verrat« mit dem Tod bestrafte. Die Camorra von heute, tönt er jetzt, verdiene keine Treue: »Sie hat keine Ideale mehr.« In Wirklichkeit hat sie nur keinen Führer mehr, der ihren Mörderkodex mit Sozialromantik verklärt. Gedroht, erpresst, gemordet wird nach wie vor, und Milliarden Lire fließen auf die Auslandskonten ihrer Bosse.

Denen allerdings fehlt der brutale Größenwahn des Professors. Sie schaffen es höchstens in den Lokalteil der Zeitung *Il Mattino,* wenn die Carabinieri bei ihnen wieder mal illegal eingeführte »Haustiere« gefunden haben: Löwen oder Geparden, die sich die Paten als Statussymbole halten.

Ihr Geld verdienen die Neuen wie die Alten mit Drogenhandel und Schutzgelderpressungen. Sogar die Müllmänner in Neapel mußten lange Zeit den *pizzo,* die Schutzsteuer, zahlen, zuletzt blockierte die Camorra den Ausbau der Hochgeschwindigkeitstrasse von Rom nach Neapel. Da ging es um einen Batzen Geld, rund sechs Milliarden Mark. Die Regierungen wechseln, die Versprechungen, mit dem organisierten Verbrechen aufzuräumen, bleiben, und doch bekommt der Staat die Mafia-Banden nicht in den Griff. Rund siebentausend Männer und Frauen gehören nach Einschätzung der Polizei zu den über hundert Clans der Camorra, Zehntausende aber arbeiten für sie. Wenn Massenmörder wie Pasquale Barra und Pasquale Galasso mit der Justiz zusammenarbeiten, kommt das wohl der objektiven Einschätzung der jüngsten Vergangenheit zu Gute, doch an ihre Stelle sind längst andere gerückt, und der Erlös der dunklen Geschäfte wandert jetzt in diese Taschen.

Man munkelt, daß Don Rafè mit seinen 58 Jahren noch nicht wirklich in Pension gegangen sei. Immacolata kommt zu den vorgeschriebenen Besuchszeiten, doch die Auftritte vor Gericht werden mangels Nachfrage immer seltener. Man weiß eben schon alles über den Professor oder meint zumindest, alles über ihn zu wissen. Und man ahnt: Seine Memoiren würden trotzdem ein Bestseller. Titel? Cutolo schleudert Blitze aus seinem Käfig: »Ich war nie ein Gefangener der Angst. Ich bin der letzte *camorrista*.«

Späterer Ausbruch nicht ausgeschlossen

Die Angst vor dem großen Erwachen des Vesuvs

Der Riese döst, aber wehe dem, der seinem Schlaf vertraut. Jederzeit kann der Vesuv erwachen, niemand weiß zu sagen, wann. Es wird jedenfalls so sein, daß Professor Lucia Civetta beim Zivilschutz in Rom anruft, um dem diensthabenden Beamten mitzuteilen: »Die Temperatur in den Fumarolen ist gestiegen.« Das wäre ein Anzeichen, nicht das einzige und auch nicht das entscheidende, aber es könnte trotzdem losgehen. »Wenn der Vesuv ausbricht«, sagt *la professoressa,* »dann kann man nur noch fliehen.« Lucia Civetta wird hingegen auf dem Posten bleiben bis zuletzt, denn sie ist die Direktorin des »Osservatorio Vesuviano«, die erste Frau an der Spitze des ältesten vulkanologischen Observatoriums der Welt. Rund um die Uhr bewachen sie und ihre Kollegen den Vesuv – aus sicherer Entfernung, in Neapel. Die von dem Bourbonen Ferdinand II. 1845 erbaute Beobachtungsstation bei Ercolano aber, nur zwei Kilometer vom Krater entfernt, ist seit dem Frühling 2000 ein Museum.

Schulklassen stürmen an den Wochentagen das klassizistische Gebäude und lassen sich Computersimulationen und Videofilme vorführen, bevor sie weiter zum Krater aufsteigen. Als Ferdinand II. 1839 erstmals den Wissenschaftlern seine Pläne unterbreitete, baten ihn die Experten sofort, das Observatorium nicht in nächster Nähe des Kraters anzulegen. Man hatte Angst vor den Lavaströmen und vor Erschütterungen, die die empfindlichen seismographischen Geräte hätten beschädigen können. Diese Ängste bewahrheiteten sich nicht, doch 1872 geschah in unmittelbarer Nähe der vulkanologischen Station ein Unglück. Neugierige Studenten des zufällig in Neapel weilenden Direktors Luigi Palmieri wagten sich in Abwesenheit ihres Lehrers zu weit an den Krater und fanden in einem plötzlich ausfließenden Lavastrom auf der Nordostseite den Tod. Nach wenigen Tagen war das Observatorium gänzlich von der Lava umgeben, doch der inzwischen zurückgekehrte Direktor hielt die Stellung, was Palmieri später eine Tapferkeitsmedaille einbrachte.

Viele von Lucia Civettas Vorgängern haben in der ebenso geheimnisvollen wie wichtigen Wissenschaft der Vulkanologie Meilensteine gesetzt. Da war der Gründungsdirektor Macedonio Melloni, ein Freigeist, der sich in London und Paris eingehend mit Strahlungen beschäftigt hatte, bevor er auf den Berg zog. Melloni, ein Freund der deutschen Wissenschaftslegende Alexander von Humboldt, liebte den Vesuv, fürchtete ihn zugleich und war sich sicher, das Mysterium des Vulkans lüften zu können. »Meine Herren«, sagte er in seiner pathetischen Antrittsrede, »wir haben die Blitze vom Himmel geraubt, aber was in nicht allzu großer Tiefe unter der Erde liegt, die wir täglich betreten und in der wir Leben und Tod finden, das ist für uns noch ein großes Geheimnis.« Melloni ist ihm näher gekommen, er hat das profunde Magmareservoir des Vesuvs eingehend beschrieben, bevor ihn der Bourbonenhof 1849 entließ – der Vulkanologe war ihnen zu liberal.

Sein Nachfolger Palmeri erfand den ersten elektromagnetischen Seismographen, der Abt Giuseppe Mercalli hingegen entwarf in seiner Amtszeit die nach ihm benannte empirische Erdbebenskala, wie sie noch heute in Italien in Gebrauch ist. Der Physiker Giuseppe Imbò orientierte sich stark an den Forschungsergebnissen japanischer Kollegen und sagte den Ausbruch des Vesuvs im Jahre 1944 voraus, als 21 Millionen Kubikmeter Lava einige Dörfer zerstörten und der Ascheregen sogar in Albanien niederging.

Seither ist Ruhe, aber es ist, davon zeigt sich Lucia Civetta überzeugt, die Ruhe vor dem großen Knall. »Es könnte«, warnt sie »eine Eruption ähnlich der im Jahre 1631 werden.« Für die Vulkanologen wäre dies der GAU. Die Eruption ereignete sich nach fünfhundert Jahren Dauerschlaf, in denen der Vesuv an Verstopfung des Kraters litt. Damals waren ein Erdbeben und neue Nebenkrater die ersten Boten des heraufziehenden Naturereignisses, bevor aus dem Hauptkrater eine zwanzig Meter hohe Säule aus Gas, Magma und Asche schoß. Der Ascheregen traf die Umgebung zuerst, dann kam ein Lavafluß, der auf seinem Weg zum

Meer mit einer Geschwindigkeit von hundert Stundenkilometern alles unter sich begrub. Am Ende beklagte man mehr als viertausend Tote, dabei lebte damals kaum jemand an den Hängen des Vesuvs.

Heute ist das anders. Die fruchtbare Erde um den Berg ist eine der am dichtesten besiedelten Gegenden der Welt. Siebenhunderttausend Menschen leben in unmittelbarer Nachbarschaft des Vulkans, hunderttausend von ihnen an den Hängen rund um die Krater des Monte Somma und des Vesuvs. Ergebnis der Bauspekulation der Camorra, der rücksichtslosen Ausbeutung der Natur im Hinterland von Neapel, die sich bereits rächt – wie der große Erdrutsch von Sarno beweist, einer 15 Kilometer vom Vesuv entfernten Ortschaft. Dort löste sich 1998 im Frühjahrsregen ein Hang des Hausbergs Monte Sarno, der wohlbestückt war mit aus Schwarzgeld bezahlten Häusern, und begrub über hundert Menschen unter sich.

Der Wiederaufbau von Sarno geht zwei Jahre später nur schleppend voran, und wie immer ist das Wehklagen der Bevölkerung groß, weil die Behörden zu langsam sind oder zu korrupt, weil die Camorra auch diesmal an der Katastrophe mitverdient, weil sich die Menschen von Rom vergessen fühlen. Die Angst vor dem nächsten, großen Regen ist hier viel realer als die Furcht vor dem Vesuv. »Die Menschen haben die Gefahr einfach verdrängt«, klagt Lucia Civetta. »Niemand denkt mehr daran, daß sich die Katastrophe von Pompeji wiederholen könnte. Stattdessen erinnert man sich höchstens an den letzten, relativ harmlosen Ausbruch von 1944. Aber seither haben sich die Voraussetzungen im Vulkan grundlegend verändert.«

Wer heute die Ausgrabungen von Pompeji und Herculaneum besichtigt, könnte den Eindruck gewinnen, der Vesuv sei ein Problem der Vergangenheit. Seit die Eruption von 1944 die Rauchfahne löschte, die Jahrhunderte lang über dem Krater sichtbar war, scheint sich der Vulkan vollends beruhigt zu haben. Doch die Vulkanologen sind wachsam. Statt sich mit wissenschaftlicher Akribie und Sinn für Mystik ganz dem Berg zu widmen, arbeiten sie an handfesten Evakuierungsplänen.

Bereits dutzende Male haben die Wissenschaftler in Neapel mit dem Innenministerium in Rom den Ernstfall mental durchexerziert. Wann sich die Aktivitäten des Vulkans endgültig aus dem grünen Bereich in die Alarmstufe begeben, wissen die Zivilschützer in der Hauptstadt inzwischen genau. 16.500 Rettungsdienstler, 90 Schiffe, Hunderte von Zügen, dazu Flugzeuge und Hubschrauber stehen für den Tag X bereit – auf dem Papier. Die Ortschaften auf dem Vesuv, nicht wenige Heimat mächtiger Camorra-Clans, pflegen seit Jahren Partnerschaften mit Gemeinden in Norditalien, Sardinien und Sizilien, die im Katastrophenfall die Bevölkerung ganzer Dörfer geschlossen aufnehmen wollen. Es scheint also alles vorbereitet – nur funktionieren wird es nach Meinung mancher genauso wenig wie einst in Pompeji.

Es gibt nämlich Vulkanologen, die nicht daran glauben, daß der Vesuv seinen Ausbruch pünktlich drei Wochen vorher anmeldet, wie das die Zivilschützer gern hätten. Und wenn der Vulkan sich nicht an den Plan hält, wird die Evakuierung schwierig. Außerdem, so spöttelte einmal ein Vorgänger von Lucia Civetta am Observatorium, zeuge es von einem gewissen Realitätsverlust, anzunehmen, daß im Notfall Züge und Busse pünktlich einsatzbereit wären: »Wieso sollte bei einer Katastrophe alles glatt verlaufen, wenn hier schon an einem normalen Tag nichts klappt?«

Lucia Civetta hat andere Sorgen. »Der Plan läßt sich nur umsetzen, wenn die Bevölkerung ihn akzeptiert«, schwant ihr. Im Winter 1999 war Generalprobe, und alles klappte reibungslos. Als Professor Civetta an einem Sonntagmorgen um 7.30 Uhr in Rom anrief, setzte sich sofort die Hilfsmaschinerie in Bewegung. Somma Vesuviana wurde evakuiert und in Bussen nach Avezzano in den Abruzzen gebracht. Dort schliefen die Flüchtlinge, bestens versorgt, bei den fürsorglichen Einheimischen, und am nächsten Tag ging es zurück an den Vesuv. Alles kein Problem: Es waren ja auch nur fünfhundert.

Die Stadt der Hunde

Freuden und Leiden der letzten Bewohner des antiken Pompeji

Michele treffen wir im Großen Theater. Er liegt im Schatten eines Torbogens, die Schnauze auf die Vorderpfoten gepreßt, und scheint aufmerksam einer jungen Frau zu lauschen, die gerade einer Schulklasse vom Schauspielerleben in Pompeji erzählt. »Franzosen«, grinst Elvira. »Michele geht immer nur mit den Franzosen. Die sind am freigiebigsten.«

Sie spitzt die Lippen, ein kurzer Pfiff, schwanzwedelnd kommt Michele angehechelt und wirft sich ihr zu Füßen. Elvira, du willst uns doch jetzt nicht erzählen, daß die Hunde von Pompeji Fremdsprachen verstehen?

»Warum nicht«, sagt sie schnippisch. »Denk mal an Lupo, *'sto cornuto!* Dieser Gehörnte hat sich auf Japaner spezialisiert, ich schwöre es dir. Wo Japaner sind, da findest du Lupo.« Wie diese Gruppe, die mit großen Sonnenschirmen bewaffnet durch die Via Stabiana stapft? Jetzt schaut Elvira fast mitleidig. »Quatsch. Siehst du denn nicht: Das sind Chinesen.« Pardon, uns fehlt eben noch die richtige Nase.

Elvira Amitrano kennt jeden Stein in Pompeji. Und sie kennt jeden Hund. Wenn sie mit ihrem Kleinwagen, dessen Rücksitze mit Hundefutterdosen und Arzneimitteln vollgestopft sind, die Straßen um das Ausgrabungsgelände abfährt, laufen ihr die Köter entgegen. Elvira zieht dann einen Leckerbissen aus den Untiefen ihres weißblau gemusterten Kittelkleids und begrüßt die Tiere mit einem Schwall von zärtlichen Beschimpfungen. Manchmal greift sie auch zur Spritze.

Blitzschnell fassen ihre riesigen Hände in das Fell. Ehe der Hund es bemerkt, hat sie ihm schon eine Injektion verpaßt. »Das muß sein«, sagt sie ernsthaft, »gegen die Räude.« Die Spritze hat sie immer dabei, genau wie das Antizeckenmittel »Frontliner«.

Ein räudiger Straßenköter, das ist so ein Begriff, den alle kennen. Aber erst in Pompeji erhält man eine Ahnung, was sich wirklich dahinter verbirgt. Die Räude, richtige Räude, kann den Hund auffressen. Es gibt Hunde, deren Gesichter nur noch aus Blattern bestehen, unerträgliche Masken des Aussatzes, vor denen die Passanten mit Grausen flüchten. Manche haben offene Rücken, anderen haben kein Fell mehr, sie sind übersät mit blutenden Schwären. Dutzende von Hunden aller Farben und Größen bevölkern die Straßen und Plätze der antiken und der modernen Stadt; der Ausdruck Promenadenmischung ist für sie etwa so übertrieben elegant wie der Titel eines Kurorts für Pompeji. Niemand hat die Hunde gezählt, noch nicht einmal Elvira. Vielleicht sind es siebzig, vielleicht auch hundert. Es werden jedenfalls immer mehr.

Das große Hunderudel, eine Gemeinschaft von streunenden Einzelgängern, verbringt die

Nacht auf dem Platz vor dem Amphitheater, auf dem Bahnhof Pompeji Scavi oder vor der Wallfahrtskirche. Morgens um 9 Uhr, wenn die Kassenhäuschen für die Ruinenstadt öffnen, finden sich die Streuner pünktlich ein und folgen den Touristen in die Ausgrabungen, bis zum Sonnenuntergang das Gelände wieder geschlossen wird. Nur wenige schlafen drinnen, auf den uralten Steinen. Das sind die Wachhunde von Pompeji, die die Wächter auf ihrem Rundgang begleiten.

Elvira arbeitet als Fremdenführerin im antiken Pompeji. Tag für Tag schaukelt sie ihren gigantischen Körper auf ausgelatschten Holzschlappen durch das Ausgrabungsgelände und zeigt den Touristenhorden, wo einst in Pompeji gearbeitet, gefeiert und geliebt wurde. Mit großen Gesten und in einem schönen deutsch-italienischen Singsang erzählt sie. Deutsch hat sie auf der Universität gelernt, die Geschichten der Ruinen aber hat Elvira eingesogen, als sie noch ein Kind war. 47 Jahre alt ist sie nun, aufgewachsen gleich gegenüber der Porta Marina. Dort betreiben die Amitrano ein Hotel, ein Restaurant, ein Andenkengeschäft und einen Parkplatz. Eine Goldgrube in Pompeji. Sie müssen schwerreich sein, aber man sieht es Elvira nicht an. Elvira verzichtet darauf, eine Signora zu sein, für ihre Straßenhunde.

Mit den Hunden, sagt sie, sei es ja genau so wie mit Pompeji. »Der Verfall ist unaufhaltsam, weil niemand etwas tut.« Jeder neue italienische Kulturminister habe vollmundig die Rettung

Pompejis versprochen. »Sie schicken drei Mal eine Putzkolonne, und das war's. Im Moment sind acht Reinigungskräfte für das gesamte Ausgrabungsgelände inklusive Büroräume zuständig. Mit dem Resultat, daß Pompeji im Müll versinkt.« Den Hunden ergeht es ähnlich. »Neulich ist einer neben der Bäckerei des Modestus gestorben«, erzählt Elvira. »Er stank zum Himmel, und niemand holte ihn ab.« Elvira lud den Kadaver schließlich in ihren Wagen, damit die Touristen nicht die Nase rümpfen mußten.

Dabei war Pompeji schon in der Antike die Stadt der Hunde. Das Mosaikbild »Cave Canem« (»Vorsicht Hund«) mit dem schwarzen Kettenhund aus dem Haus des tragischen Poeten wurde für Schulkinder aller Welt das Emblem der verschütteten Stadt. Mit den Menschen starben auch die Hunde bei dem verheerenden Vesuvausbruch im Jahre 79. Während die Archäologen bis heute kein einzige Pferdeskelett fanden, denn Pferde hatten die Flüchtenden aus der Stadt hinaus gebracht, sind zahlreiche Hundeskelette überliefert. Wie der typische Haushund ausgesehen hat, können wir heute noch am Gipsabdruck eines Hundes von Vesonius Primus betrachten: Das kleine, schlanke Tier mit seiner langen, im verzweifelten Versuch, Luft zu schnappen, geöffneten Schnauze, versuchte vergebens, sich von seiner Kette zu befreien, um fliehen zu können. Die Wach- und Jagdhunde des alten Pompeji sollen gemeinhin langschädlig, robust und von schwarzer Farbe gewesen sein.

Daneben gab es aber auch schon Schoßhunde, die nicht an der Kette lagen, sondern im Haus lebten und am Alltagsleben der Familien, sogar an ihren Gastmählern, teilhaben durften. Petron schreibt über ein Mahl im Haus des Trimalchios: »Eine schwarze und abscheulich fette Schoßhündin; ein Sklave wickelte sie in eine grüne Schärpe ein, legte ihr ein halbes Brot auf das Polster und nudelte das Tier, das vor Überfressenheit nichts mochte.« Trimalchios ließ seinen Liebling sogar auf seinem Grabmal abbilden, genau wie ein anderer Hundebesitzer, der so um seine Hündin trauerte: »Sie war klug, fast wie ein Mensch, auf ihre Art / welch einen Schatz, o weh, haben wir verloren! / Du kamst stets, süße Patrice, an unseren Tisch / saßest auf meinem Schoß und schmeicheltest um Bissen / mit flinker Zunge lecktest du den Becher aus / den meine Hand dir oft hinhielt / kam ich müde nach Haus / empfingst du mich mit freudig wedelndem Schwanz.«

Heute müssen die Hunde von Pompeji die Camorra fürchten. Das illegale, blutige Busineß der Hundekämpfe ist an dem heruntergekommenen Küstenstreifen zwischen Portici und Pompeji weitverbreitet, und die Streuner sind für die Bosse willkommenes »Trainingsmaterial«, das sie ihren Kampfhunden zum Spielen vorwerfen. So verschwinden regelmäßig einige Streuner aus Pompeji und finden ein grausiges Ende.

Andererseits setzen die Mafiosi Kampfhunde, die keine Erträge mehr bringen, einfach aus.

Diese Pitbulls, wahre Kampfmaschinen, deren Haltung in Italien gesetzlich verboten ist, bedrohen dann Artgenossen und Menschen. Wenigstens für sie bewegen sich die Behörden aber sofort. »Ein Anruf bei den Carabinieri genügt«, berichtet Eleonora, und die Hunde kommen im Tierheim hinter Gitter.

Streunende Hunde, sagt Eleonora Heide, habe es in Pompeji bis zum Jahre 1991 nicht gegeben. »Mehrmals in der Woche kam damals der städtische Hundefänger, fing ein paar Tiere ein, lud sie auf den Wagen und brachte sie ins nächste Tierheim. Wenn sich nach fünf Tagen kein Besitzer meldete, wurden die Hunde vergast.« Nach massiven Protesten der Tierschützer wurde die Tötung der Streuner 1991 von der damaligen Regierung Andreotti verboten. Seither, meint Eleonora Heide, geht es den Hunden aber nicht besser.

Wie so oft in Italien liest sich ein Gesetz auf dem Papier hervorragend, wird aber kaum in die Praxis umgesetzt. Eleonora, die Deutsche, die vor dreißig Jahren ihrer großen Liebe Ciro nach Pompeji folgte, hat sich daran bis heute nicht gewöhnen können. Sie kämpft mit allen Mitteln, vor allem denen der rücksichtslosen Selbstausbeutung, und ohne jede Romantik. »Die Hunde sind ein hygienisches Problem und eine Gefahr für die Touristen«, sagt sie nüchtern. Jeden Nachmittag kocht der inzwischen pensionierte Ciro für zwei Dutzend Hunde ein ordentliches Essen. Seine Frau aber bringt die Streunerinnen zum Tierarzt, zwecks Sterilisation.

150 Mark kostet der Eingriff, den Eleonora und Elvira lange Zeit aus eigener Tasche zahlten. »Was soll man machen«, sagt die Deutsche, »die Tiere können sich ja nicht endlos vermehren.« Sie lassen die Hunde auch impfen, und wenn sie an der Immunschwächekrankheit Leishmania leiden, einer Art Hunde-Aids, setzt der Tierarzt ihres Vertrauens den unheilbar kranken Tieren die Todesspritze. Alles dies, so schreibt es das Gesetz vor, müßten eigentlich die Behörden übernehmen. »Wir sind illegal«, erklärt Eleonora Heide, und es klingt kein bißchen kokett. Ganz legal haben die beiden Frauen inzwischen einen gemeinnützigen Verein gegründet. Die »Associazione pro 4 Zampe« zählt rund hundert Mitglieder, der Jahresbeitrag beläuft sich auf dreißig Mark.

Das reicht natürlich nicht aus, auch wenn Tierfreunde sehr, sehr großzügig sein können. Eine junge, deutsche Bekannte der beiden Frauen aus Pompeji, die vom Anblick der Straßenhunde so gerührt war, daß sie ihren Urlaub unterbrach, verzichtete auf ihre gesamten Hochzeitsgeschenke und spendete das Geld. Neuntausend Mark waren das, Eleonora und Elvira bauten damit eine kleine Hundeambulanz. Aber dort können nur wenige, schwerverletzte Hunde, zeitweise untergebracht werden. »Wir brauchen ein Tierheim«, sagt Eleonora resolut, »und wir haben auch schon ein Grundstück im Visier. Es kostet 250.000 Mark.«

Die Stadt Pompeji ist mit dem Ansturm überfordert. Der Bürgermeister hat immerhin einen Beauftragten für streunende Tiere ernannt, doch der Beamte Montanino weiß auch nicht weiter. Es handele sich um ein weltweit verbreitetes Problem erklärt er am Telefon, und mehr will er eigentlich nicht sagen. Gerade hat das Gesundheitsamt das private Tierheim geschlossen, in das die Stadtverwaltung einige Hunde gebracht hatte. Die Sache, blafft der Beamte unwirsch, sei eben eine sehr, sehr delikate Angelegenheit. Weil aber Montanino selbst ein großer Tierfreund ist, der den Streunern persönlich ab und zu eine Mahlzeit bringt, läßt er sich doch noch zu einem Kommentar hinreißen. »Wer ein Tierheim verlangt, hat nicht verstanden, worum es geht«, sagt er resigniert. »Wenn wir nämlich morgen ein Heim für tausend Hunde eröffnen, haben wir übermorgen fünfhundert neue Hunde in der Stadt.«

Streunende Hunde gibt es überall in Süditalien. Warum so viele in Pompeji leben, kann sich Montanino auch nicht recht erklären. »Die Ruinen sind ein ideales Gelände für die Tiere«, schwant ihm, »und zu fressen bekommen sie dort immer. Die meisten Touristen mögen die Hunde, nie hat es einen Fall von Mißhandlung gegeben. Viele stecken den Tieren gern einen Leckerbissen zu.« Die Verwaltung will nun endlich das tun, was das Gesetz schon seit Jahren von ihr verlangt. »Wir setzen auf die Massensterilisation«, verspricht Montanino. Das bedeutet, daß die Stadt die Strukturen für eine tierärztliche Kontrolle schaffen muß.

Wann das geschehen wird, darauf will der

Beauftragte sich lieber nicht festlegen. »Wir können nur langfristige Lösungen anpeilen«, sagt der Beamte nebulös. Die Tierärzte habe man schon kontaktiert, immerhin. Das kann sich die Stadt nur leisten, weil sich für den täglichen Einsatz Freiwillige wie Elvira und Eleonora finden. Immer wieder kommt es vor, daß Streuner im Ausgrabungsgelände Touristen beißen. Bislang hat noch keiner auf Schmerzensgeld geklagt, aber, empört sich Elvira, »es ist doch unfaßbar, daß eine Stadt wie Pompeji, die vom Tourismus lebt, riskiert, mit den Hunden die Touristen zu vertreiben«. Der Hundeschutzverein hat es geschafft, mehrere Dutzend Tiere nach Deutschland zu schaffen. »Sie leben jetzt in München und Heidelberg«, erzählt Eleonora mit leuchtenden Augen. »Und ich kann dir sagen: Es geht den Hunden dort besser als uns. Von wegen Hundeleben!«

Viele Leute in Pompeji zeigen mit dem Finger auf Elvira und Eleonora, vielleicht, weil sie sich um ein Problem kümmern, das alle haben, ab niemand wahrnehmen will. Eleonora, die attraktive, ganz in elegantes Schwarz gekleidete Sechzigjährige, wird von einer Gruppe junger Männer angefeindet, die vor der Wallfahrtskirche der Madonna von Pompeji herumlungern wie das Rudel Hunde, das Eleonora en passant mit Ohrentropfen versorgt. »Ihr liebt nur die Tiere, die Menschen haßt ihr. Ihr seid ja krank im Kopf.« Weh tue das, sagt Eleonora leise. Am Anfang hatte sie ihren Nachnamen gar nicht sagen wollen. »Brauchst du nicht. Hier nennen mich alle nur Eleonora *la pazza*, die Verrückte.« Dabei sind Elvira und Eleonora alles andere als verrückt, sondern einfach nur zwei resolute, praktische Frauen, denen man noch nicht einmal nachsagen kann, daß sie Hunde abgöttisch lieben.

»Das gibt es aber«, sagt Eleonora ernst. »Wir hatten Freundinnen, die wegen der Hundegeschichte übergeschnappt sind, die an nichts anderes mehr denken konnten, die sogar ihre Familien im Stich ließen.« Diese Frauen seien auch für sie nicht mehr ansprechbar, präzisiert Elvira. »Man sieht, daß sie schon vorher ein Problem hatten, ein Helfersyndrom. Solche Menschen projizieren ihr eigenes, inneres Leid auf die Hunde, weil sie mit Menschen gar nicht mehr umgehen können.«

Elvira und Eleonora, die Vereinsgründerinnen, stehen indes mitten im Leben. Sie praktizieren Eigeninitiative, das ist alles. »Wir helfen auch Menschen«, betont die ironische Eleonora. Als auf der anderen Seite des Vesuvs, in Sarno, vor zwei Jahren der Berg herunterkam und ein ganzes Dorf unter sich begrub, klapperten die beiden sämtliche Haustüren in Pompeji ab und baten um Spenden.

Wenn nur dieses Jahr bald vorbei wäre, seufzt Elvira und verdreht ihre riesigen, schwarzen Augen gen Himmel. »Das Heilige Jahr, weißt du. Es gibt ja regelrechte Hundewallfahrten.« Die Madonna dei Pompeji ist eines der wichtigsten Heiligtümer Süditaliens. Auch für Hunde. An Ostern, so erzählt Elvira, seien zehntausend Pilger aus Neapel gekommen. »Sie gingen los an der Kirche del Carmine, hinter der Piazza Mercato, durch Portici, Torre del Greco und Torre Annunziata. Und *madonna mia,* es wurden immer mehr. Hinter den Pilgern aber trabten die Hunde aus ihren Dörfern. Fünfzig, achtzig, hundert Hunde – eine Hundewallfahrt. Als sie schließlich hier ankamen, gingen die Menschen in die Kathedrale und beteten. Anschließend fuhren sie mit Bussen wieder heim.« Die Hunde aber blieben in Pompeji und schlafen seither vor der Haustür der Madonna.

Tanz um den Nußbaum von Benevent

Wo Hexen tanzen, Heilige wohnen und Magier telefonieren

Josef läßt nicht locker. »Verlaß diesen Mann«, beschwört er seine unsichtbare Gesprächspartnerin, »eure Beziehung ist nichts mehr wert.« Emanuela wagt schwachen Protest, da runzelt Josef die Stirn. »Was willst du eigentlich«, sagt er. »Ich sehe es doch. Ihr lebt schon lange wie Bruder und Schwester.« Das sagen die Karten vor ihm auf dem Tisch, links von den rosafarbenen Kerzen, die im Fernsehstudio von Telelupa flackern. Emanuela hat Josef angerufen, um einen Rat in Liebesdingen zu erhalten. Routine für den Magier, der am Tag Hunderte solcher Anrufe entgegennimmt, die Minute zu 2400 Lire plus Mehrwertsteuer.

So wie Josef, der im wirklichen Leben vielleicht Giuseppe heißt, arbeiten gut zweitausend Kartenleger und Astrologen in den zahlreichen Lokalfernsehsendern Italiens. Selbst das Staatsfernsehen RAI läßt jeden Abend eine kartenlegende Zigeunerin auftreten und schickt sein Publikum nach Mitternacht mit dem Horoskop für den neuen Tag zu Bett. Die Quoten für solche Programme sind enorm, auch wenn die Probleme, die zu den Fernsehmagiern getragen werden, immer die gleichen sind: *amore,* Geld und Gesundheit – in dieser Reihenfolge.

Nicht selten sollen die Karten auch über die Aussichten auf dem Arbeitsmarkt Auskunft geben. Wann sie denn endlich mit einer Anstellung rechnen könnte, fragt die gerade in Linguistik promovierte Claudia aus Neapel die Kartenlegerin Alessandra von Telecapri. Da verdüstert sich die Miene der Fernsehhexe. »*Pazienza.* Du mußt Geduld haben, mein Schatz. Nur langfristig kann es etwas werden, sagen die Karten.«

Über hunderttausend Magier zaubern zwischen Bozen und Palermo, eine nicht unbeträchtliche Anzahl der selbsternannten Hellseher und Hexenmeister ist gewerkschaftlich organisiert. Die astrologisch-okkultistische Unterabteilung des katholisch orientierten Gewerkschaftsbundes CISL umfaßt immerhin 1700 Mitglieder, andere haben sich in freien Magierverbänden zusammengefunden, und selbstverständlich gab es auch schon einmal einen Magierstreik. Leidtragende, wenn man das in diesem Fall so sagen darf, waren sechs Millionen Italiener, die regelmäßig den Rat der Hellseher in Anspruch nehmen und dem Berufsstand der Magier zu einem vorsichtig geschätzten Jahresumsatz von 1,5 Milliarden Mark verhelfen.

Das sind Zahlen, die die katholische Kirche zur Verzweiflung treiben. Immer wieder erläßt die Bischofskonferenz mahnende Hirtenbriefe, in denen der weitverbreitete Aberglaube mit deutlichen Worten verdammt wird. Das Resultat solcher »Aufklärungsarbeit« ist gleich Null. Als wundergläubiges und phantasiebegabtes Volk fühlen sich die Italiener von religiösen Phänomenen wie Blutstränen weinenden Gipsmadonnen ebenso angezogen wie von der Kartenzauberei.

Die Hexerei vor laufender Kamera oder in der Wohnung des Hellsehers ist deshalb zu einem blühenden Wirtschaftszweig geworden, die Magier aber fühlen sich inzwischen als Künstler und möchten als solche akzeptiert werden. Wer einmal ihre oft Stunden dauernde Unterhaltungsshow im Fernsehen gesehen hat, muß ihnen Recht geben: Eine Hellseherin tut nichts anderes als eine Talk-Show-Moderatorin. Es geht darum, Privates öffentlich in Szene zu setzen, man braucht dazu ein wenig Einfühlungsvermögen, viel Unverschämtheit und Sinn für den Skandal. Das Fernsehen treibt das Geschäft an, hat aber andererseits der Magie ihren Zauber genommen.

Früher einmal trafen sich die Hexen Italiens in Benevent, an den Ufern des Flusses Sabato (Sabbat), der im Volksmund Ripa delle Janare (Hexenfluß) hieß. Ein magischer Nußbaum vor den Toren der kampanischen Stadt war ihr Sammel- und Tanzplatz, Benevent der Blocksberg Italiens. »Sotto l'aqua e sotto u viento / Sotto a noce e Beneviento«, in Regen und Wind flogen die Hexen nach Benevent. Über den Ort tief hinter den Bergen existieren seit jeher schwarze Legenden. Benevent, eine samnitische Siedlung aus dem 8. Jahrhundert v. Chr., soll erst im Jahre 275 v. Chr. nach einem Sieg der Römer über den Molosser-König Pyrrhus seinen positiv klingenden Namen erhalten haben. Beneventum heißt wörtlich übersetzt »glücklicher Ausgang«, zuvor aber hieß die Stadt angeblich genau gegenteilig und unheilverkündend Maleventum. Hartnäckiger als anderswo hielten sich hier Aberglauben und mystische Legenden als einzige Überbleibsel einer glorreichen Vergangenheit, in der Benevent zuerst zur Provinz- und Handelsmetropole der Römer, dann zum ständigen Zankapfel zwischen Byzantinern und Goten, schließlich zum Sitz langobardischer Herzöge avancierte. Von 1077 bis zum Ende des Kirchenstaates 1860 blieb die Stadt eine Exklave des Vatikan, in der die Statthalter des Papstes residierten. Seither ist Benevent in Vergessenheit geraten – zu Unrecht, angesichts der Kunstschätze, die die Stadt zu bieten hat. Nicht von ungefähr ist Benevento eine der wenigen Städte Italiens, deren Namen ins Deutsche übertragen wurde. Hier starb am 26. Februar 1266 der Sohn Friedrichs II. von Hohenstaufen, König Manfred, in der Schlacht zwischen seinen Sarazenen und dem Heer Karl von Anjous. Erst drei Tage später wurde Manfreds Leiche gefunden und am Fuße einer Brücke bestattet. Dante dichtete darüber in seiner »Göttlichen Komödie«, doch Manfreds Grab blieb bis heute unentdeckt.

In den Bergen rings um Benevent hielten sich seit dem Altertum merkwürdige Bräuche. In einem riesigen Isis-Tempel wurde der ägyptischen Gottheit gehuldigt, Isis aber war die Schlange heilig, wie später den Langobarden. Diese verehrten ihre Gottheiten in demselben

Nußbaum, der später Zentrum der Hexenlegenden werden sollte. Am Baum befestigten sie eine Schlangenhaut – so ging die Tradition von den Römern auf die Barbaren über. Später wurde die Schlange das Symbol der Visconti in Mailand, nach Jahrhunderten griff dann ein gewisser Silvio Berlusconi auf sie zurück, der die Schlange der Langobarden von Benevent zum Markenzeichen seines Firmenimperiums machte. Auch in der kampanischen Stadt fanden sich pfiffige Unternehmer, die mit den alten Märchen Umsatz machten, aber hier reichte es nur zu zwei Kräuterschnapsmarken, Strega (Hexe) und Noce (Nußbaum). Der Hexenwahn sei ein bäuerlicher Aberglaube, will Vincenzo Mazzacca in seiner Arbeit »La Civiltà Contadina, Provincia di Benevento« (»Die bäuerliche Gesellschaft in der Provinz Benevent«) nachweisen. Die Bauern und Schäfer in der Gegend versuchten, die Kraft der Natur mit dem Einwirken guter und böser Geister zu erklären. Der Hexenglaube war sehr verbreitet. Die Bauern stellten Reisigbesen in ihren Häusern auf, um die Hexen aufzuhalten, gemäß der Überzeugung, daß eine Hexe angesichts eines Besens das ganze Reisigbündel penibel durchzählen müsse. Blockierten die Räder ihres Wagens, so stand auch dort für die Beneventer eine Hexe dahinter. Die Räder mußten also mit einem Reisigbesen ausgepeitscht werden. Wer am Weihnachtstag zur Welt kam, galt als Unheilbringer, er oder sie besaß den *malocchio,* den bösen Blick.

Im Volksglauben vermischten sich längst

verschütteter Götterglaube, Legenden und christliche Überlieferung – bis heute die Widersprüche religiöser Überzeugung in Süditalien. Der Patron Benevents ist der Heilige Barbato, ein Bischof, der angeblich im 7. Jahrhundert gelebt und den Langobarden ihren Aberglauben ausgetrieben hat. Barbatos Gebete sorgten dafür, daß die Byzantiner im Jahre 663 ihre Belagerung aufgaben und abzogen; daraufhin bekehrte sich der Langobardenfürst Romuald zum Christentum. Mit eigenen Händen soll Barbato den magischen Nußbaum der Langobarden gefällt haben, worauf sich Romualds goldene Schlange in einen Meßkelch verwandelte.

Niemand weiß, ob Barbato wirklich gelebt hat; den Nußbaum hatte er jedenfalls nicht für alle Zeiten besiegt, genausowenig wie den Aberglauben. Nicht nur in Benevent fürchtet so mancher bis heute den *malocchio,* in der Toscana hat kürzlich sogar ein Dorfbürgermeister einen amtlichen Beauftragten ernannt gegen den bösen Blick. »Ich glaube ja nicht an solche Dinge«, sagte der Lokalpolitiker, ein ehemaliger Kommunist, zu seiner Verteidigung. »Aber man weiß ja nie.«

Die Kirche kämpft vergeblich gegen so tief verwurzelte Überzeugungen, für die meisten Italiener sind Kaffeesatz und Sonntagsmesse problemlos zu vereinbaren. Linda aus den Sabiner Bergen sucht seit zwanzig Jahren regelmäßig die Magier auf, läßt sich für dreißig Mark die Zukunft voraussagen und das Amulett »aufladen«. Beim letzten Mal, berichtet die füllige und resolute Linda, habe die Magierin ihr einen frommen Wunsch mit auf den Weg gegeben: »Gehe nach Hause und bete ein Ave Maria.«

Mit einem Kapuzinerpater aus Pietralcina bei Benevent hatte der Vatikan jahrzehntelang Schwierigkeiten. Das Volk verehrte den bärbeißigen Padre Pio neben seiner Wundertätigkeit auch wegen seiner Stigmata. Um die Ekstase der Gläubigen zu bremsen, ordnete Rom dem Pater das Tragen von Handschuhen bei der Messe an, es half alles nichts.

»Im Süden«, sagt ein deutsches Mitglied der Vatikan-Kongregation für die Heiligsprechungsverfahren, »sind die Grenzen zwischen Aberglauben und Glauben fließend.« Seitdem Pio 1968 starb, riß der Strom der Pilger an seinen letzten Wirkungsort San Giovanni Rotondo in Apulien nicht ab – mit acht Millionen Pilgern im Jahr kommen nun fast doppelt so viele Wallfahrer dorthin wie in den Marienort Lourdes.

1999 wurde Padre Pio, von dessen Legende inzwischen Busunternehmen, Hotelbesitzer und Zeitschriftenverlage leben, endlich selig gesprochen, gegen den erbitterten Widerstand der Jesuiten im Vatikan. Anläßlich der Seligsprechung kamen dreihunderttausend Pilger auf den Petersplatz, die römischen Kinder hatten schulfrei. Für Benevent ist der Pater ein Segen: Pietralcina, das Nest in den Bergen, wurde mitsamt dem Geburtshaus Padre Pios zum Wallfahrtsziel im Heiligen Jahr erklärt.

Ein halbes Jahrtausend nach den Hexen kommen nun die Pilger.

Glamour und Trash auf der Piazzetta

Capri: Das Fernsehen und sein Publikum

Alle nennen sie »Piazzetta« und wissen, was gemeint ist. Eine Kirche, ein Rathaus, Kaffeebar und Tabakhändler, so sehen alle Dorfplätze aus in Italien. Dieser ist anders, weil sich hier alle treffen. »Den Schauspielern stehen acht Zugänge, Fenster, Treppen, Übergänge und Dächer frei, und sie wissen sich ihrer zu bedienen«, schrieb der Badener Schriftsteller Reinhold Schneider 1931 über die Piazza Umberto I. Bertolt Brecht fand, »Landschaft und Bewohner und alles ist zum Kotzen / Und alles ist teuer und schlecht, das Fleisch nicht zum Essen«. Der Mann hatte nicht verstanden, worum es geht, auf Capri.

Es geht nämlich ums Sehen und Gesehenwerden, und im banalsten Fall um's Dagewesensein, einmal im Leben, keinesfalls aber beachtet hier einer, was er auf dem Teller liegen hat. Sage keiner, vor achtzig, zweihundert oder zweitausend Jahren wäre es anders gewesen, es wechselt wohl die Kompagnie, aber nicht die Kulisse. Ganz am Anfang kam ein Kaiser, Tiberius, natürlich mit Gefolge, um der Nachwelt die Ruinen seiner Villa und den Capri-Mythos zu hinterlassen. Im 18. Jahrhundert folgten die ersten Nordländer, und bald gehörte Capri bei Bürgern und Bohemiens aus Deutschland, England und Frankreich zum »bon ton«. Sie kamen und schwärmten, illustre Schriftsteller wie Goethe, Axel Munthe, Scheffel, Rilke, D.H. Lawrence, Graham Greene, Neruda und Brecht, Revolutionäre wie Gorki und Lenin, Großkapitalisten wie Alfred Krupp, und viele weniger Berühmte, die nach Capri fuhren, um ein wenig von den richtigen Berühmtheiten zu erhaschen. Ganz am Ende folgten die Italiener, Malaparte und Moravia. Zu dieser Zeit hatten die reichen Neapolitaner Capri schon längst entdeckt und aufgekauft.

Alles zu seiner Zeit. Heute gehört Capri dem Massentourismus und dem Fernsehen, und seine Piazzetta ist von der Bühne zum Talk-Show-Studio degeneriert, wo Berühmtheiten, die zwei Sommer halten, auf Tagestouristen treffen. Es ist der Glamour des Trash, wer mag, darf es auch umkehren. Die Saison wird an Ostern eröffnet und zieht sich bis in den tiefen Herbst, es ist ein einziges Flanieren. Auf Capri lassen sich Fußballspieler ablichten, grotesk geschminkte Fernsehsternchen und alternde Showstars, denn die Insel ist eines der letzten Reservate für die aussterbende Spezies der *paparazzi.* Die knipsen alles, was ihnen nur entfernt vor die Linse kommt, damit die heißesten Bilder von der Insel in der boomenden Yellow Press Italiens erscheinen können. Von Capri leben *Eva Tremila, Gente, Oggi* oder *Chi* einen ganzen Sommer lang. Aber wir müssen es jetzt mal ganz ehrlich sagen: Die Protagonisten sind wirklich nicht mehr das, was sie mal waren.

Früher kamen Sophia Loren, Carlo Ponti und Marcello Mastroianni, heute muß Liz Hurley reichen. Das ist – wir müssen etwas weiter ausholen – ein Fotomodell mit Filmerfahrung und die einstmals Dauerverlobte eines britischen Schauspielers, der durch den »blow job« einer kalifornischen Prostituierten weltberühmt wurde. Ungefähr so. Oder Alba Parietti: Die kennen Sie nicht? Macht nichts. Wer kennt schon Marisa Laurito, Renzo Arbore oder Marta Marzotto? Die Leser von *Oggi, Gente* und *Famiglia Cristiana.* Kurz: ganz Italien. Es sind VIPs zweiter Klasse, reine Medienpromis eben, und sie zeigen, was aus Capri geworden ist: Fernsehprovinz. Auch das Publikum hat sich verändert.

Zu Ostern waren es vierzigtausend, die sich in Napoli Mergellina einschifften, und an der Marina Grande standen die Leute so dicht gedrängt, daß ein junges Mädchen in Ohnmacht fiel. So massiv war der Ansturm, daß die Presse sich Gedanken über die Einführung eines Numerus clausus machte, wie jedes Jahr. Und wie es Brauch ist, griffen alle großen Nachrichtenagenturen der Welt die Ente auf, worauf in allen großen Zeitungen zu lesen stand: Capri will den Tourismus begrenzen. Fahrt also hin, bevor die Pforten geschlossen werden. Die Insel ist eben ein Selbstläufer.

Denn natürlich denkt hier kein Mensch an den Numerus clausus. »Das wäre ja«, philosophierte der Präsident der Händlervereinigung »gegen unsere Verfassung.« Nicht, daß sie für die Tagestouristen viel übrig hätten: »Chaotische Horden, die alles dreckig machen und nichts kaufen.« Der Filmproduzent Aurelio De Laurentiis hatte denn auch eine bessere Idee: »Wir brauchen eine fremdsprachenkundige Inselpolizei, die dafür sorgt, daß niemand seinen Müll ins Meer wirft und sich alle ordentlich benehmen.« Keine Sorge, das wird nicht realisiert, solche Hirngespinste existieren seit Kaiser Tiberius. Die VIPs der alten Schule genießen die Insel, unbehelligt von Trash und Trubel, in ihren Villen. Da ist Capri dann wirklich exklusiv, ganz für sich.

Wer aber als Reisender auf Capri Urlaub macht, der möchte von ungehobelten Horden begafft werden. Das ist nun mal die spezielle Capri-Dialektik. Ruhe und Natur findet man woanders oder hier ab dem 3. November. Baden kann man auch schon lange nicht mehr, denn im Wasser der blauen Grotte befinden sich angeblich vierhundertmal mehr Kolibakterien, als es die italienischen Gesetze erlauben. Das liegt daran, daß Capri keine funktionierende Kläranlage hat. Aber wer will sich schon in diese Niederungen begeben. Man bleibt oben auf der Piazzetta, dort kostet ein Miniapartment im Sommer 15.000 Mark Miete oder Fernsehgebühr, wie Sie wollen. Capri never goes out of style.

Lift zum Mond

Geschichten aus dem ältesten Hotel an der Amalfi-Küste

Vorsichtig zieht Enrico das Deckchen vom Altar. »Wissen Sie eigentlich, was es mit dem Rechteck darunter auf sich hat?« Die kleine Vertiefung im Marmor enthalte einen Märtyrerknochen, klärt er uns auf. »Das muß sein. Ohne Märtyrer kein Altar. Und dort, in der Nische«, grinst er verschmitzt, »da steht übrigens San Rocco. Das ist der Schutzpatron älterer Damen, gegen Falten.« Enrico öffnet den Reliquienschrank. Viele kleine Silberbehälter sind darin aufgestellt, sie enthalten Knochensplitter und andere Gruselteile. Nichts Besonderes, meint unser Führer und steigt vor uns behende die Stufen von der Sakristei in die Kellergewölbe hinab. »Hier bitte, alles antikes Zeugs.« Kerzenleuchter, nur von einer Seite mit Blattgold bemalt, morsche Heiligenstatuen, längst abgebrannte Votivkerzen. Alles wird hier aufbewahrt in Schränken und Grotten, sogar ein ausrangierter kleiner Holzaltar.

»Dahinter geht's geradewegs in das Zimmer Nummer eins«, verkündet Enrico stolz und rückt seine weiße Haube zurecht. Die kleine Führung ist beendet. Ein letzter Blick aus der mit Sakralantiquitäten vollgestopften Sakristei: Blau, man sieht nur blau, das blaueste Blau der Welt. Das Meer liegt glatt wie im Prospekt. Enrico aber muß zurück in die Küche, *peperoni alla salernitana* mit Brotmasse und Sultaninen füllen. Sorgfältig dreht er den riesigen Schlüssel in dem ausgeleierten Schloß herum. Fertig, Sant'Antonio ist ordnungsgemäß abgeschlossen. Zwei Schritte noch und wir sind in seiner Küche. Enrico ist Chef im Luna Convento, der ältesten Herberge an der Amalfi-Küste.

Vielleicht muß man in einer eisigen Januarnacht aus dem tief verschneiten Kalabrien kommen, um zu verstehen, was das bedeuten kann: Ankommen im Luna. Wir erreichten Amalfi um vier Uhr morgens, müde und hungrig, denn zuletzt hatten wir auf der Fähre von Messina nach Reggio einen Kaffee getrunken. Hinter uns lagen die zugeschneite Autobahn, das einsame Bergland des Südens und ungefähr 228 Kurven seit Salerno, als endlich die letzte kam: Nach Atrani noch einmal scharf links, damit man nicht gegen den Sarazenenturm brummt. Unten brodelte und schäumte das Wintermeer, rechts der Straße lud ein in den Fels gehauenes, weit geöffnetes Portal zum Eintreten ein. Wir betraten eine ganz mit Marmor ausgeschlagene, winzige Halle, die entfernt an eine Friedhofskapelle erinnerte, standen vor einem Lift und drückten auf die Zwei: Rezeption.

Oben nahm uns ein buckliger alter Mann in Empfang. Das war Vincenzo, *o'principe.* »Jeden Abend vor Dienstbeginn schlich er zu uns in die Küche«, erzählt Chefkoch Enrico. »Dann holte er sich einige Scheiben Brot, Tomaten und Kapern, damit er auch dem letzten Ankömmling noch eine *caponata* servieren konnte.« Roberto Rossellini, der mit seiner Frau Ingrid Bergman wohl genauso spät anzukommen pflegte wie wir, bestand darauf, von Vincenzo empfangen zu werden. Einmal mußten sie den Prinzen buchstäblich aus dem Bett holen, weil Rossellini ihn unbedingt sehen wollte. »Vincenzo hatte eine Grippe, aber er mußte trotzdem kommen. Zwei Fieberzäpfchen in den Po und ab zu Rossellini.« Die Gesellschaft des Nachtportiers verbreitete eine Aura der Exklusivität – vielleicht weil Vincenzo so wortkarg war.

Er sagte nicht viel außer *buonasera,* und er ging durch viele verschachtelte Säle und Gänge voran bis zum Zimmer 22. Wir traten ein in einen schlichten, weißen Raum mit wundervollem Majolika-Fußboden, und als uns eine strahlende Sonne Stunden später weckte, war das Meer tief unter uns ganz still und tief grün. Den ganzen Tag über sang es unter unserem Zimmerfenster.

Amalfi hat dieses Meer mit seinen unwahrscheinlichen Farben, die größten und aromatischsten Zitronen des Südens, und Amalfi hat das Hotel Luna. Man muß nicht unbedingt Amalfi sehen, wenn man im Luna wohnt, aber wenn man nach Amalfi fährt, muß man ins Luna. Der heilige Franziskus selbst hatte verfügt, daß auf dem Felsvorsprung südlich des Hafens der alten Seerepublik ein Kloster gebaut werden sollte, bevor er sich zur Pilgerfahrt ins Heilige Land einschiffte. Das ist die Gründungslegende des Klosters, das 1222 eröffnet wurde und sechs Jahrhunderte lang blühte, bis 1822 die letzten Mönche auszogen und die Familie Barbaro das Kloster übernahm.

Die Barbaros waren zahlreich, aber nicht genug, um den gigantischen Franziskanerkonvent auszufüllen, und so richteten sie eine Gastwirtschaft ein. Die Locanda della Luna wurde die erste Herberge an der *divina costiera*, der »göttlichen Küste«, zu der man damals nur per Schiff reisen konnte, oder, noch romantischer und noch unbequemer, auf dem Rücken eines Esels. Als 1857 *l'amalfitana* gebaut wird, jene Küstenstraße, die zu befahren noch heute eines der letzten Abenteuer in Europa sein dürfte, kamen die Reisenden aus dem Norden, auf der Suche nach Zitronen, Licht und dem Gesang des Meeres: Richard Wagner, Otto von Bismarck und 1879 Henrik Ibsen. Er mietete sich für einige Monate im Zimmer Nummer fünf ein und vollendete dort seine Nora.

Heute ist die Kammer die Hochzeitssuite des Luna. Diskret grüßt Ibsen von einem Kupferstich neben der Zimmertür, das Mobiliar könnte noch aus Noras Zeit stammen. Heerscharen von norwegischen Professoren kämen hierher, um ihren Schülern Ibsen vorzulesen, berichtet Giovanni Ciccone, der junge Hoteldirektor. »Sie gehen auf Zehenspitzen in den Raum und schauen ungläubig auf das Meer.«

Der zurückhaltende 38jährige hat erst vor wenigen Monaten die Leitung des Hauses übernommen, und er versucht, die alten Traditionen des Luna zu bewahren: also die Zitronen im Kreuzgang pflegen, die handgefertigten Majolikas in den Zimmern erhalten, die in den Farben des Meeres im nahegelegenen Vietri produziert werden. Dort brennen sie auch die *luna* ein, den Mond. Das Wahrzeichen des Hotels ist überall in den Zimmern zu sehen. Manches Zugeständnis muß Ciccone seinen Gästen machen: »Neuerdings haben wir Klimaanlagen und Minibars, das wünschen die Amerikaner.« Nur noch von wenigen Zimmern kann man rund um die Uhr den Zimmerservice rufen. Das sind diejenigen ehemaligen Mönchszellen, in denen der Direktor einfach kein geeignetes Versteck für die Minibar findet: »Verstecken Sie mal diese gräßlichen Kühlschränke in unseren schönen, alten Zimmern. Es ist zum Verrücktwerden.« Vincenzo ist gottlob in Pension.

Die modernen Zeiten fordern ihren Tribut. Es gibt deshalb längst ein Schwimmbad, hoch auf dem Felsen mit dem Sarazenenturm, denn die Saison ist im Luna natürlich auch den Moden unterworfen. »Früher war im Sommer am wenigsten Betrieb. Die Gäste aus dem Norden kamen im Winter und im Frühling. Der Badeurlaub war noch nicht erfunden.« Jetzt kommen sie im Sommer und braten auf den heißen Steinen. Amalfi hat einen winzigen Strand, die Wasserqualität ist nicht berauschend, aber annehmbar, nur: Dies ist kein Ort zum Baden, sondern zum Schauen und Hören. Den Paradies-Kreuzgang im Dom bestaunen, in der Pasticceria Pansa auf der Piazzetta ein Nußtörtchen mit Zitronencreme oder kandierte Orangenstückchen mit Schokolade verspeisen, die Uferpromenade entlangschlendern und in der städtischen Bibliothek in der Geschichte der Seerepublik zu schmökern, das ist Amalfi.

Um die erste Jahrtausendwende gab es im Mittelmeer keine mächtigere Stadt als das heute winzige Amalfi, sogar Konstantinopel gehörte zu seinen Kolonien, bis das Ducatum Amalphitanum schließlich von Genua und Pisa überflügelt wurde. Gegen die alten Konkurrentinnen liefert man sich alljährlich eine Ruderregatta, auch Venedig ist mit von der Partie. Alle vier Jahre kommt das Spektakel nach Amalfi, das ist der Zeitpunkt, an dem der neuzeitliche Hurrikan fast verstummt, der zwischen Ostern und Allerheiligen das zauberhafte Nest an der kleinen Bucht heimsucht. Es sind die Neapel-Capri-Amalfi-an-einem-Tag-Touristen, die in Amalfi einfallen, und es ist die alte und in Italien so oft erzählte Story vom schnellen Geld und seiner Verwüstungsschneise im Paradies.

»Man müßte die Küstenstraße einfach für die Busse schließen«, schlägt Gaetano vor, einer der Fremdenführer im Dienst der linken Stadtverwaltung. Das Busverbot gilt neuerdings am Wochenende, aber den Amalfitanern reicht das noch nicht. »Im Sommer können hier zwei Touristenbusse die Straße soweit verstopfen, daß niemand mehr ins Nachbardorf gelangt, geschweige denn zur Arbeit nach Salerno.« *L'Amalfitana* wird dann ein einziger, kilometerlanger Stau, zugegeben mit einer der schönsten

Aussichten der Welt. Und dann die Hochzeiten! Über tausend Paare lassen sich Jahr für Jahr in Amalfi trauen, »Minimum 150 Gäste«, rechnet Gaetano vor. »Das bedeutet fast genauso viele Autos, die alles blockieren.« Wenn das nicht zum Himmel schreit: »Sie sollen uns über den Seeweg besuchen, wie vor hundert Jahren.«

Oder vor vierzig Jahren. Damals arbeitete der Kellner Luigi schon im Luna, und die Amerikanerinnen, die mit großen Kreuzfahrtschiffen an der kleinen Mole anlegten, ließen sich in schweren Limousinen den Hügel hochfahren. »Sie trugen Abendkleider und diese unglaublichen kleinen Handtaschen«, erinnert sich Luigi seufzend. »Einmal verlor eine dieser Signoras ihre kostbare Diamantbrosche und wir mußten das ganze Hotel nach dem Juwel absuchen. Zum Schluß fand sie es selbst – es war ihr bei Tisch zwischen die Füße gefallen.« Es war die Zeit, als Rossellini mit Kind, Kegel und mehreren Päckchen Kaffee anrückte, »seinem Kaffee aus Rom«, berichtet der Kellner Luigi, »denn unseren mochte er nicht«.

Mit der Bergman zog der Regisseur in den Sarazenenturm, nur Wasser, Wind und Himmel, und später, es war um 1959, kam auch Willy Brand mit Rut. Und Paola: »Wie schön sie war«, schwärmt der alte Luigi mit den melancholischen Augen noch heute, und seine schmalen Hände zeichnen Andachtsschleifen in die Luft. »Ihre Haare – ein Gedicht! Sie war auf Hochzeitsreise, und das junge Paar unterhielt sich in allen Sprachen. Italienisch, Französisch, ein bißchen Englisch. Und er, nun ja, er war eben der Prinz.« Jetzt ist Albert König von Belgien, und Paola dürfte kaum vier Teller Pasta hintereinander essen, wie damals im Luna. Luigi mag trotzdem nicht den alten Zeiten nachtrauern. »Heute sind die Gäste netter, nicht mehr so distanziert, sie wissen mehr über unser Land und die ganze Atmosphäre ist demokratischer.«

Heute geht die Frau von Welt in die Küche zu Enrico. »Die machen das zum Zeitvertreib«, staunt *lo chef*, und mit großem Charme erteilt er ihnen Lektionen: *ragù alla napoletana,* »aber bitte, das muß mindestens sechs Stunden kochen«, *cannelloni,* wie sie 1922 im Hotel Cappuccini Convento auf dem Berg gegenüber erfunden wurden, *spaghetti alle vongole,* gefüllte *crespelle* (Crêpes) und Fisch in *acqua pazza* (in »verrücktem Wasser«). Alles Arme-Leute-Gerichte, die Enrico getreu der Tradition kocht, und die Damen sind zufrieden. Eine hat den vitalen Küchenchef sogar nach Chicago eingeladen, auf daß er in ihrer Abendgesellschaft zaubere, »und da«, erzählt Enrico mit runden Augen, »habe ich von goldenen Gabeln gegessen, o Signore!«

Nicht, daß ihn das dauerhaft fesseln würde, er ist froh über sein Häuschen am Hügel gleich über dem Luna. Das Grundstück gehörte zum Kloster, und der Konvent wie das Hotel gehören Don Andrea Barbaro. Ein Mann der Tradition, genau wie Chef Enrico. Strenge, franziskanische Regeln gelten im Luna. Eine lautet, daß jeder, der an die Küchenpforte klopft, etwas zu essen bekommen muß.

»Ein Kerl aus Atrani hatte das mal ganz wörtlich genommen«, berichtet Enrico. »Der kam jeden Tag und brachte sogar Schüsseln für den ersten und den zweiten Gang mit. Bis es uns zu viel wurde und wir ihn abwiesen.« Prompt beschwerte sich der Kostgänger bei Don Andrea. Das genügte. Wütend habe ihn der Patron angerufen, erinnert sich schaudernd Enrico. »Ihr kriegt Hunderte von Leuten satt«, bekam der verblüffte Koch zu hören, »und da wollt ihr diesen einen draußen lassen?« Das ist der Geist im Luna, und was die Tradition angeht, hat Enrico mit Direttore Ciccone auch noch einen Strauß auszufechten. Die Zitronenbäume aus dem Kreuzgang müßten weg, fordert der Küchenchef. »Die lenken nur ab. Im Kreuzgang muß man sich geistig sammeln und beten. Oder ersatzweise – essen. Und sonst gar nichts.«

Nachsatz

Viele Menschen haben mir bei der Arbeit an diesem Buch geholfen, denen ich an dieser Stelle herzlich danken möchte. Das sind zuerst Bruno Siciliano und Carla Hubler, ohne die ich niemals Neapel von innen entdeckt hätte. Klaus Brill hat überhaupt den Anstoß zu dem ganzen Projekt gegeben, Gabriella Mangia erschloß mir die Grenzen zwischen Realität und Fiktion, Amato Lamberti und die Mitarbeiter des *Osservatorio sulla Camorra* erlaubten mir einen Blick hinter die Schlagzeilen. Der Filmemacher Lars Reimers begleitet mich seit unserer Kindheit bei zahlreichen Entdeckungsreisen und kennt Neapel inzwischen besser als Westfalen. Viele »Kameraeinstellungen« in diesem Buch stammen von ihm. Enzo Matera hat mir geduldig und mit schier unerschöpflichem Wissen die historischen Zusammenhänge Kampaniens erklärt. Alessandro De Luca ein großes Dankeschön für seine liebevolle und bedingungslose Unterstützung.